销售这样做

顾客

下次还会来

李 帆◎编著

广东旅游出版社
GUANGDONG TRAVEL & TOURISM PRESS
悦读书·悦旅行·悦享人生
中国·广州

图书在版编目（CIP）数据

销售这样做，顾客下次还会来 / 李帆编著. — 广州：广东旅游出版社，2015.10（2024.8重印）

ISBN 978-7-5570-0232-9

Ⅰ.①销… Ⅱ.①李… Ⅲ.①销售学 Ⅳ.①F713.3

中国版本图书馆CIP数据核字（2015）第242756号

销售这样做，顾客下次还会来
XIAO SHOU ZHE YANG ZUO，GU KE XIA CI HAI HUI LAI

出 版 人　刘志松
责任编辑　李　丽
责任技编　冼志良
责任校对　李瑞苑

广东旅游出版社出版发行

地　　址　广东省广州市荔湾区沙面北街71号首、二层
邮　　编　510130
电　　话　020-87347732（总编室）　020-87348887（销售热线）
投稿邮箱　2026542779@qq.com
印　　刷　三河市腾飞印务有限公司
　　　　　　（地址：三河市黄土庄镇小石庄村）
开　　本　710毫米×1000毫米 1/16
印　　张　17
字　　数　260千
版　　次　2015年10月第1版
印　　次　2024年8月第2次印刷
定　　价　69.80元

序　言
PREFACE

对于从事销售行业的人而言，时间就意味着金钱，因此，在这里过多讨论写这本书的初衷就显得十分多余，一言以蔽之，本书就是一本写给立志从事销售行业者或者正在努力成为销售行业的佼佼者的必读书。不管你从事什么方面的销售，也不管你是做实体店还是网店销售，这本书都会让你受益匪浅，它会跟你说：销售这样做，顾客下次还会来！

本书告诉你，想要做好销售，要努力从以下几个方面着手：

第一，你需要寻找到潜在客户。做业务毫无疑问就要面对客户，在商场里面客户是上门的，不太需要主动出去寻找，但是更多的销售业务需要我们主动地去寻找我们的客户，只有找到了客户，才有可能搞定客户，让客户接受你的订单。因此，学会寻找客户是业务员最起码的工作。

第二，你需要用心揣摩。因为"攻心为上"用在销售业务中应该说是再恰当不过了，做业务只有真正地读懂了客户的心理，你才算找到了切入口，这样成功就不远了。

第三，你要注重产品的性价比。因为物美价廉是客户对商品亘古不变的追求，客户要求实惠和低廉价格的心理，不用猜就应该知道。因此，商家要尽量地去满足客户的这种心理，产品才会有市场。

第四，你需要注重效率与安全。时间就是金钱，我们不能耽误客户的时间。因此，尽量速战速决，一方面节省了彼此的时间，另一方面也避免了客户思考时间过长而造成的反悔现象；此外，安全也是客户消费时首先需要考虑的内容。客户的这两种心理如果能好好利用，客户成交的概率就会大很多。

……

所有的一切，尽在本书之中。此外，随着互联网的发展，网购也日趋旺盛，本书有专门一章为你讲述开网店要注意的技巧。通过本书，不论你是做实体店还是做网店，你的销售成果必定会越来越好，越来越出色！

目 录 CONTENTS

第一章　销售，首先要寻找客户/1

　　做业务毫无疑问就要面对客户，在商场里面客户是上门的，不太需要主动出去寻找，但是更多的销售业务需要我们主动地去寻找我们的客户，只有找到了客户，才有可能搞定客户，让客户接受你的订单。因此，学会寻找客户是业务员最起码的工作。

第二章　销售，要从心开始 /27

"攻心为上"用于销售业务中应该说是再恰当不过了，做业务只有真正地读懂了客户的心理，你才算找到了切入口，这样成功就不远了。

第三章　物美价廉，要的就是性价比 /61

物美价廉是客户对商品亘古不变的追求，客户要求实惠和低廉价格的心理，不用猜就应该知道。因此，商家要尽量地去满足客户的这种心理，产品才会有市场。

第四章　效率与安全，客户消费的习惯 /93

时间就是金钱，我们不能耽误客户的时间。因此，尽量速战速决，一方面节省了彼此的时间，另一方面也避免了客户思考时间过长而造成的反悔现象；此外，安全也是客户消费时首先需要考虑的内容。客户的这两种心理如果能好好利用，客户成交的概率就会大很多。

第五章　方便与舒适，为客户考虑 /123

做业务成功的关键就是让客户买东西时要感觉到方便和舒适，让客户感觉到商家为客户考虑得真周到。读懂客户求"方便"和"舒适"的心理，成交的胜算就多了几分。

第六章　利用客户的性格，引导成交 /157

　　在做业务的过程中，我们会碰到各种各样的客户，每个人的性格都不一样，做业务最怕的就是用一种态度和方式去对待不同性格的客户，这样不仅成交的可能性小，还有可能在无形中得罪了客户。所以，面对不同性格的客户一定要采用不同的策略和方法才能取得预期的效果。

第七章　客户没有异议了，也就成交了/189

　　每一次交易都是一次"同意"的达成，而合作必然会带来新的问题和额外的要求，这就是异议。虽然异议总是带来烦恼，但它也是业务员从客户身上获取更多信息以影响客户的机会。解决异议、满足需求不但是教育客户并同其建立良好关系的绝佳机会，而且经常能创造新的成交机会。

第八章　网店销售这样做，顾客才会来/211

　　网上店铺装修好了，各项流程了解清楚了，人流量也越来越多了，接下来是不是可以高枕无忧，每天坐等顾客上门了？当然，如果你只是想过一把网络卖家的瘾，做到这里就足够了；如果你还想把你的网店事业做大做强，那我要告诉你，你现在不过是刚起步。别着急，这一篇的内容就是要告诉你，这样做，顾客下次还会来！

第一章 销售，首先要寻找客户

　　做业务毫无疑问就要面对客户，在商场里面客户是上门的，不太需要主动出去寻找，但是更多的销售业务需要我们主动地去寻找我们的客户，只有找到了客户，才有可能搞定客户，让客户接受你的订单。因此，学会寻找客户是业务员最起码的工作。

什么类型的人才是我们的客户

每个产品都有特定的客户，但潜在客户应当具备一定的条件才值得业务员去争取，一般在研究客户时，要考察以下几个标准。所谓准客户，就是指可能购买的客户。准客户是指至少具备以下三个条件的"人"（MAN）。

钱（Money）　这是最为重要的一点。业务员找到准客户就要想：他有支付能力吗？他有这种购买能力吗？一个月收入只有 1000 元的上班族，你向他推销一部奔驰车，尽管他很想买，但买得起吗？

权力（Authority）　他有决定购买的权力吗？很多业务员最后未能成交的原因就是找错了人，找的是没有购买决定权的人。小张在广告公司做广告业务，与一家啤酒公司副总经理谈了两个月广告业务，彼此都非常认同，但是总经理是他的太太。你想想看，一家公司太太当总经理，先生当副总经理，先生有权力吗？小张浪费了很多时间。有时使用者、决策者和购买者往往不是同一个人，比如小孩想买玩具，他是使用者，决策者可能是妈妈，购买者可能是爸爸。你该向谁推荐？

需求（Need）　要成为你的准客户，除了购买能力和决定权之外还要看他有没有需求。刘先生刚买了一部空调，你再向他销售空调，尽管他具备购买能力即钱（M）和决策权即权力（A），但他没有需求（N），凑不成一个"人"（MAN），自然不是你要寻找的人。

具备以上三个条件的"人"（MAN），就是我们要找的准客户。

一般来说，对于每一个产品的不同特征，应该从以下内容分析客户是否为业务员的目标：

年龄段：

性别：

家庭大小：

收入水平：

职业：

宗教信仰：

民族：

受教育程度：

社会阶层：

地理特征：国家、省、市、地区、县、镇，人口规模，人口密度，气候。

生活方式：爱好、习惯、看电视的习惯、社会活动、运动。

性格分析：领导者还是追随者、外向还是内向、追求成就的还是满足现状的、独立的还是依附的、保守的还是自由主义方式的、传统的还是现代派的、有社会责任的还是以自我为中心的。

客户行为：使用率、寻求的好处、使用方法、使用频率、购买频率。

企业市场：企业类型（制造商、零售商、批发商、服务业等）、行业、企业规模、经营年限、财务状况、员工人数、位置、结构、销售水平、分配形式、特殊要求。

潜在客户一般会出现在哪里

如果一位业务员问一位资深的销售经理，问他哪儿能寻找到机会。我们相信这位资深的销售经理应该毫不犹豫地回答他："搜寻一下，年轻人，搜寻一下。"

搜寻在销售中的作用越来越重要，尤其是随着互联网的迅猛发展。很明显，如果要进行销售，一个业务员必须能吸引潜在的客户。但是，潜在的客户从何处来？他们会主动送上门吗？有时候可能是这样，例如对于一个零售店的业务员而言。但是，对于保险、复印机、机器设备和房地产经济之类的业务员来讲，仅靠等客户上门则有可能什么都卖不出去。这些业务员必须走出去，主动寻找客户。

那客户会出现在什么地方呢？

很多业务员都在抱怨无法找到客户资源，殊不知资源就在你身边！

你所在的公司是最容易使用的资源，而且它肯定能为你提供帮助。业务员应充分利用公司内部以下渠道和手段搜寻客户。

1. 当前客户。公司的其他部门可能正在向你不知道的一些客户进行销售。你可以从这些部门获得客户目录清单以及与这些客户有关的有价值信息。这些目录清单可能包括一些你以前忽略掉的潜在客户。由于这些客户是你公司的老主顾，所以非常有理由相信他们会对你提供的商品或服务感兴趣。

2. 财务部门。公司的财务部门能帮你找到那些不再从公司买产品的从前的客户。如果你能找到他们不再购买公司产品的原因，那么就有机会重新赢得他们。这些潜在客户熟悉你提供的商品或服务，而且公司的财务部门对其信用有所了解。另外，公司的财务部门可能还有与这些潜在客户签订信用合同的各种记录。这个资源对业务员来说是非常珍贵和重要的。

3. 服务部门。公司服务部门的人员能向你提供新的潜在客户的信息。因为他们经常与从公司购买产品并需要服务、维护或维修的客户进行接触，因此，他们更容易识别出哪些客户需要新的产品。专业业务员要学会鼓励服务部门的人员提供有关潜在客户的各种信息，在得到他们的帮助后，要给予他们一定的回报。

4. 公司广告。很多公司订货量增加是因为它们，或者是在特定区域内寄送了大量优惠卡。人们对这些措施的反应值得我们注意——他们为什么会有这样的反应呢？通常，有这些反应的人被称为活跃的潜在客户。

5. 展销会。每年要有成千上万个展销会，有汽车展销、旅游用品展销、家具展销、电脑展销、服装展销、家庭用品展销等，名目繁多。公司要记下每个到展销柜台的参观者的姓名、地址和其他有关信息，然后把这些信息交给业务员，以便他们进行跟踪联系。公司一定要迅速找到并吸引这些潜在客户，因为展销会上的其他公司同样会对这些潜在客户感兴趣。

6. 电话和邮寄导购。很多公司寄出大量的回复卡片，或是雇人进行电话导购联系。用这些方法可以获得大量潜在客户，而且，几乎所有的公司都可以用这些方法吸引感兴趣的潜在客户。

除了本公司内的资源以外，在公司外还有很多资源可以用来寻找潜在客户。选择何种方式取决于你所销售的商品或服务。

1. 其他业务员。其他非竞争公司的业务员经常可以提供有用的信息。他们在与自己的客户接触时，可能会发现对你们公司的产品感兴趣的客户。如果你与其他业务员有"过硬"的关系，那么他们就会把这些信息通知你。所以业务员要注意培养这种关系，并在有机会时给对方提供同样的帮助。

2. 名录。目前市面上有很多带有姓名和地址的特殊目录或数据资料出售，你可以买到需要的名录。例如，你可以买到所有幼儿园的名称和地址的目录，全国所有水产养殖场的名称和地址的目录，以及所有汽车销售代理商的名称和地址的目录等。很多行业协会或主管部门都有其成员或下属机构的名录。

很多商业名录将公司按照规模、地理位置和商业性质进行分类。这些名录是你寻找新的潜在客户的一个绝好出发点。包含公司管理人员姓名和地址、工厂地址、财务数据及其相关产品的大型名录，在大型的公共图书馆或大学图书馆中都可以找到。请注意不要忽略地方出版的人名或商业的名录。像从名录手册中获取信息一样，我们现在也可以从中获取信息。使用计算机数据库非常简单，一旦你进入系统，你只要指出想要查询信息的关键字即可。

3. 社团和组织。公司的产品或服务是否只是针对某一个特定社会团体，例如：青年人、退休人员、银行家、广告商、零售商、律师或艺术家。如果是这样，那么这些人可能属于某个俱乐部或社团组织，因此，这些俱乐部在社团组织的报纸和杂志的名录将十分有用。

4. 报纸和杂志。只需留意一下报纸和杂志，就会发现许多潜在客户的线索。报纸刊登的工厂或商店扩建的新闻对业务员会很有帮助。在商业杂志以及其他一些杂志上，你可以找到更多的商业机会。专业杂志对于许多产品的业务员有重要意义，业务员应了解一下本行业的杂志并从中寻找潜在客户的线索。

5. 互联网。应该说随着网络的迅猛发展，如何使用和用好互联网对一个成功的业务员来说非常重要。国内像淘宝网、阿里巴巴等商业网站的兴盛和繁荣能够给业务员节省很多的时间来寻找自己的客户，另外，各种网络通信工具的使用对业务员来说也是一个非常重要的工具，例如：很多行业的业务员会组成自己的行业 qq 群，利用这个平台，业务员往往可以做成很多过去所不能想象的事情，而且这种通信和联络平台会更快捷，更节省寻找客户所需要花费的费用。

一定要了解客户心中所想

一般来说，业务员在开发新客户时，客户心中肯定会存有障碍，这是很正常的心理。因为现代生活中大家都很忙，谁都不愿意把时间浪费在和陌生人谈没有意义的事情上。在业务员和客户进行第一次接触时，客户心中往往会存在下面的障碍。

障碍一：只能接收有限的信息

在信息时代，客户被形形色色的信息所包围，但他们只能接受其中的一部分，主要的原因有两个。

1. 客户的心智。一个不够大的容器。客户大脑储存信息的容量非常有限。根据哈佛大学心理学家米勒博士的研究，一般人的心智不能同时与七个以上的单位打交道。因此，客户会根据个人的经验、喜好和兴趣进行选择，过滤和排斥掉大部分传递给他的信息。而新的信息进入客户头脑的难点在于要将旧信息从客户头脑中"挤"出去。

2. 客户的抗拒和排斥心理。面对如潮水般涌来的信息，客户会产生一种抵触情绪。对不在兴趣范围之内的信息，他们会视而不见，充耳不闻。

障碍二：客户喜简烦杂

客户有喜欢简单、痛恨复杂的心理。越是简单明了的信息，越容易被客户识别和接受。业务员开门见山地说明来意更有可能被客户接受。

障碍三：缺乏安全感

客户在和陌生的业务员接触时，存在一种惧怕上当的心理，因而他会采取一种从众的方式，倾向于买跟别人一样或经人推荐的东西。从一个简单的现象就可以看出：新产品刚进入市场时，最早采用者约占 2.5%，早期购买者也不过 13.5%。

障碍四：旧的消费习惯不会轻易改变

客户珍藏在记忆中的都是耳熟能详的东西，他们不会轻易更改自己的消费习惯，除非产品本身具有极强的吸引力。

障碍五：对产品印象的模糊性

从客户的观点来看，某些知名度高的品牌实质上已成了某一类商品的代名词。如果业务员所销售的产品在客户心中曾经有一定的印象，那他在和业务员初步接触时一般不会改变他心中的那个模糊的印象。

我们的客户什么时候有时间

与客户的沟通从拜访开始。拜访客户应该与客户事先约好时间，但在具体的销售中往往需要直接拜访客户。这就会涉及时间的问题，业务员在拜访客户时应该尽量在客户有时间的情况下，否则会影响沟通。那如何确定拜访的时间呢？

一般来说，应该把握以下原则。

按一星期来分：星期一是假期刚结束上班的第一天，客户肯定会有很多事情要处理，一般公司都在星期一开商务会议或安排工作，所以大多会很忙碌。所以如果要洽谈业务的话，应该尽量避开这一天。如果你找客户有紧急的事情，应该避开早上的时间，选择下午会比较好一些。

星期二到星期四这三天是最正常的工作时间，也是拜访最合适的时间，业务员应该充分利用好这三天。这也是业绩好坏与否的关键所在。

星期五是一周工作的结尾，如果这时去拜访客户，多半得到的答复是："等下个星期我们再联系吧！"这一天可以进行一些调查或预约的工作。

按一天来分：早上 8：00～10：00 这段时间大多数客户会紧张地做事，此时，业务员不妨安排一下自己的工作。

10：00～11：00 时你的客户大多不是很忙碌，他们的一些事情已经处理完毕，这段时间应该是拜访的最佳时段。

11：30～14：00 是午饭时间，除非你有急事否则不要轻易打扰客户。

14：00~15：00 这段时间人会感到烦躁，尤其是在夏天，所以，这段时间不要去和客户谈生意。

15：00~18：00 努力地拜访客户吧，你会在这个时段取得成功。

另外，对于那些晚上仍在忙碌工作的客户，如果业务员与其比较熟悉，可以试着去拜访他。

如果你需要到客户家里去，下午 4 点以后就不要再去了。因为这时一般家庭都应该开始忙碌晚饭了，试想，厨房里煤气正开着，谁会有心情去和你谈生意。接下来是晚饭时间和一天的休息时间，大家都知道，这时去打扰人家是不礼貌的。

总之选择合适的时间，关键要替对方想想，这个时间合适不合适。另外，你和客户的熟悉程度也是考虑的因素，只要考虑到这两点，就可以找到一个合适的时间拜访客户，也会让客户有心情接受你，赢得一个高的起点。

拜访客户的礼仪有哪些

拜访客户时，业务员注重礼仪会让客户感到很舒服，也是对客户起码的尊重。一般来说，客户理想中的业务员应该注意以下礼仪。

1. 注意仪表

头发：太长吗？乱吗？太油亮吗？

眼睛：这扇心灵的窗户是否明亮有神？

胡子：刮干净了吗？

手：易藏污纳垢的指甲修剪了吗？

外套：有头皮屑或其他脏东西吗？口袋鼓胀吗？

裤子：是否笔挺？

扣子：扣子扣上了吗？拉链拉上了吗？

衬衫：领子、袖口干净吗？

领带：与衣服相配吗？是否歪斜？

袜子：袜子每天更换吗？脱鞋后有异味吗？

鞋：擦得光亮吗？是否与衣服相配？

手帕或纸巾：干净吗？是否带了？千万不要在擦汗的时候从口袋里摸出一只臭袜子。

2. 注意仪态

精神饱满，面带温和、亲切的微笑，眼睛正视客户。

只有真诚地喜欢客户，才能发自内心地微笑，否则只能是干笑、奸笑、皮笑肉不笑，让客户害怕。

与家人吵架之后最好不要立即去拜访客户。

落座时不要大大咧咧地伸展四肢或跷起二郎腿。

走路时应挺直腰杆，身体略向前倾，迈步有节奏。

讲话要用明快、清晰的语调。

3. 注意礼节

主动为你的客户开门。

递、接名片用双手，并要道谢。

对客户的称呼一定要合乎身份，不要太夸张。

在宴席上要尊重对方的生活习惯，不得强行劝酒。

在没有放烟灰缸或标明禁烟的房间，绝对不要犯规。

要注意对周围人士的礼貌，即使是小人物，也可能影响客户的决策。

业务员要能魅力四射，也许要有点天赋，但是我们确信更需要后天勤奋的修身、学习，坚持自我检讨，自我训练，百分之一的天赋加百分之九十九的勤奋造就销售王！"修身、齐家、治国、平天下"，孔圣人是强调"内圣外王"的，要想成为一个好的业务员，首先要学会做人。

客户常见的托词有哪些

销售中客户借口拖延或拒绝是常有的事，业务员肯定不能因此而放弃这个客户，"一切交易都是从拒绝开始的"，这也可以称为销售的定律，下面介绍几种客户拒绝的类型和处理方法。

类型 1 客户："我没有时间。"

方法 1 业务员："我理解，我也老是时间不够用。不过，只要 3 分钟，您就会相信，这是个对您绝对重要的议题……"

方法 2 业务员："先生，美国富豪洛克菲勒说过，每个月花一天时间在钱上好好盘算，要比整整 30 天都工作来得重要！况且我只占用您 3 分钟时间，我相信您得到的不只是 30 天的价值。"

类型 2 客户："我没有兴趣。"

方法 1 业务员："是，我完全理解，对一个谈不上相信或者手上没有什么资料的事情，您当然不可能立刻产生兴趣，有疑虑、有问题是十分合理自然的，让我为您解说一下吧……"

方法 2 业务员："我非常理解，先生，要您对不知道有什么好处的东西感兴趣，实在是强人所难。正因如此，我才想向您亲自报告或说明。我向您介绍个大概情况，好吗？"

类型 3 客户："我没钱。"

方法1 业务员：“我了解，要什么有什么的人毕竟不多。正因如此，我们现在开始选一种方法，用最少的资金创造最大的利润，这不是对未来的最好保障吗？在这方面，我愿意助您一臂之力……”

方法2 业务员：“先生，我知道只有您才最了解自己的财务状况。不过，现在先好好做个全盘规划，对将来才会最有利……”

类型4 客户：“那先把资料寄来吧。”

方法 业务员：“先生，我们的资料都是精心设计的纲要和草案，必须配合人员的说明，而且要对每一位客户分别按个人情况做修订，等于是量体裁衣。所以，最好是我星期一或星期二过来为您服务。您看是上午还是下午比较好？”

类型5 客户：“那你就是要销售东西了？”

方法 业务员：“我当然是很想销售东西给您啦！不过，我要给您的正是您所期望的，才会卖给您。有关这一点，我们要不要一起讨论研究……”

类型6 客户：“让我再想想。”

方法 业务员：“先生，其实相关的重点我们不是已经讨论过了吗？容我坦率地问一句：您顾虑的是什么？”

类型7 客户：“我××时间再联络您吧。”

方法 业务员：“欢迎您来电话，先生，您看这样会不会更简单些？我明天下午晚一点的时候给您打电话，还是您觉得后天上午比较好？”

类型8 “目前我们还无法确定业务发展会如何？”

方法 业务员：“先生，我们先不要担心这项业务日后的发展，你先参考一下，看看我们的供货方案优点在哪里，是不是可行。我星期一还是星期二来造访比较好？"

　　类型 9　客户："要做决定的话，我得先跟合伙人谈谈。"

　　方法　业务员："我完全理解，先生，我们什么时候可以跟您的合伙人一起谈？"

电话拜访时客户的心理

现代电信事业的飞速发展为销售提供了快速约见的通信工具，目前，用途最广泛的电信销售工具是电话，其次是电子邮件、传真等。

电话约见，重点应放在"话"上。所以，业务员首先要熟知电话约见的原则和方法。

业务员与客户在电话中，谈话的时间要简短，语调要平稳，出言要从容，口齿要清晰，用字要妥帖，理由要充分。切忌心浮气躁，语气逼人，尤其是在客户借故推托，有意拖延约见之时，更需平心静气，好言相应。如果业务员巧言掩饰，强行求见，不但不能达到约见的目的，反而会引起客户的反感。但在与客户约定会面的时间和地点时，业务员应尽量采取积极、主动的态度，不可含糊其词，以免给予客户拒绝接见的机会。

下面举出的两种有关约定时间的问话，由于表达方式和用语上的差异，其效果完全不同。

问话1："王先生，我现在可以来看您吗？"

问话2："王先生，我是在下星期三下午四点来拜访您呢？还是在下星期四上午九点来？"

问话1中业务员完全处于被动的地位，易遭客户设词推托。问话2则相反，业务员对于会面时间已主动排定，仿佛早已料到客户那时一定能抽空接见，故客户一时反应不过来，便只好随业务员的意志，从上述两个已排定的时间中，做"二选其一"的抉择，而没法推托了。

信函拜访时客户的心理

信函约见（简称函约）具有许多优点。

1. 信件可以直接传到客户本人手里。即使"门卫"和助手有权拆开一阅，因怕误事，也会及时呈交上司。客户看到约见信，一般会慎重对待，确有必要时往往会接见，不想会面时便作出解释。客户在借故推托时也要讲出一些理由，如果客户拒绝接见，业务员也不会难堪。如果客户置约见信于不理，日后业务员登门拜见，客户会感到自己有所失礼，在心不安理不得的情况下，只好向业务员敞开欢迎的大门，以弥补过失，寻求一种心理平衡。可见信函约见是业务员的一块敲门的金砖。

2. 有利于避免约见错误。在书写约见信时，业务员可以反复推敲，力求尽善尽美，避免语病和销售错误，不给客户留下借口。而且，在从容不迫的情况下，可以多写几句，保证内容准确无误。

3. 信函约见灵活机动，用途广泛，费用低廉。无论对交通通信条件的限制，还是就销售工作的实际要求而言，业务员是无法面约所有的客户的。在面约不成、电约（电话约见）不行、广约（广告约见法）不达的情况下，函约则可以大显身手。

4. 函约的传播媒介是文字，便于业务员畅所欲言，表达出口头语言难以表达的种种难言之隐和言外之意，让客户尽情体会，回味无穷。

5. 约见信便于客户保存，反复查阅。当然，约见信应言之有理，言必可信，不可花言巧语或言过其实。

函约也有一定的局限性。

1. 函约费时较长，远远落后于电子邮件、电话、传真、可视电话、互联网等现代通信手段，因此，不适合快速约见和紧急约见。

2. 函约不利于信息反馈。有些客户对销售的约见信不够重视，或推来推去，无人过问；或犹豫不决，迟迟不作答复；或扔在一边，不了了之。业务员花费一番心血寄去约见信，却如泥牛入海，盼归无期。

3. 无论约见信内容如何详尽，总难免给客户留下一些疑团，无法当面解释。

4. 若双方素不相识，贸然函约，往往使对方莫名其妙，不愿接见。

尽管函约具有上述种种局限性，但仍是一块敲开客户之门的金砖。一般来说，业务员可以通过函约冲破许多人为的限制，直接接近访问对象。只要业务员提前做好接近准备，函约谨慎从事，就可以克服困难，消除不利因素，达到约见目的。

客户最关心的是产品的好处

客户为什么买业务员的产品而不去买其他家的产品，原因就在于业务员的产品可以解决问题。客户在听业务员介绍产品时，最关心的就是产品的好处，产品可以解决什么问题。

许多成功的业务员自然地把事实和好处联系起来，以好处为开端，从而引起潜在客户的注意。当首先听到利益时，潜在客户会更认真地聆听业务员的谈话。

在业务员对产品（服务）做评论时，还需要回答潜在客户未说出的问题："那些特点对我有什么好处?"当业务员列举出不符合对方利益的事实时，许多潜在客户会想"这对我来讲有什么用呢"，或表述为"这里面对我有价值的部分是什么呢"，或简称为"与我何干"。当业务员向潜在客户陈述一项事实时，业务员得时刻想象这几个字正在对方的脑子里闪过!

推介产品的好处能清楚地说明为潜在客户提供的有价值的东西。业务员有可能夸大这些好处，但不要向潜在客户过度吹嘘，要将重点集中在潜在客户感兴趣的那些问题上。产品的好处在关键时候往往是化解客户反对意见的利器。

一般来说，客户购买业务员的产品而不购买其他产品是基于以下几个方面的考虑。

赚钱　股票经纪人通过技术性投资帮助人们赚钱；房地产商通过帮助客户获得能升值的不动产而帮助人们赚钱；电脑销售代表帮助人们赚钱，因为电脑使产出不断提高。

业务员在介绍产品时应该回答的问题是：我的产品（服务）怎样为客户提供利润或收入。

省钱　保险代理人通过帮助客户以最好的价钱购买最大限度的保护来帮助人们省钱；工业企业业务员通过提供折扣或寻找更加便宜而具有同样功效的替代品来帮助人们省钱。

业务员在介绍产品时应该回答的问题是：我的产品（服务）是怎样为客户节省货币开支的。

节省时间　如果客户购买设备的同时还得到了培训，这样做就节省了客户的时间。当房地产经纪人提前看过房地产目录，并挑选出符合潜在客户标准的那些房地产时，就节省了客户的时间。业务员在介绍产品时应该回答的问题是：我的产品（服务）是怎样为客户节省时间的。

认同　客户可能会因为购买某种产品从而提高了工作效率，使他们能够生活得更加轻松悠闲，所以他们对这种产品表示认同。一家小银行由于更加个性化的服务而得到了客户的认同。

业务员在介绍产品时应该回答的问题是：如何使我的客户认同我的产品（服务）。

安全感（内心的宁静）　客户如果感到他（她）的资金得到了合理运用，就会产生一种安全感，或者一家电脑公司提供随时的服务，客户会有安全感。安全感可以消除购买时的恐惧。

业务员在介绍产品时应该回答的问题是：我的产品（服务）是如何为客户

带来安全感的。

方便（舒适） 这意味着像一辆新车带给客户没有噪音的享受一样，效率或安逸是对方便和舒适的另一种表述。一台新复印机意味着复印速度加快，一项新邮件服务意味着少跑几趟邮局。

业务员在介绍产品时应该回答的问题是：我的产品（服务）是怎样为客户带来方便或舒适的。

灵活性 多种可供选择的付款方式显示了灵活性。多种式样或多样化的交货时间也起到同样效果。一项多样化的方案为客户提供了选择的权利。

业务员在介绍产品时应该回答的问题是：我的产品（服务）是怎样为客户带来灵活性的。

满意（可靠、快乐） 潜在客户通过研究"用户报告"、询问朋友以及查阅推荐目录，就可能对业务员的产品产生满意感。

个人的满意感来自自我改善或工作效率的提高。购买本书就可以获得这些好处。

快乐可能伴随着对于车辆、游艇、雪橇、录像机或其他娱乐产品的购买。

业务员在介绍产品时应该回答的问题是：我的产品（服务）是如何为客户带来满意感或快乐的。

地位 一辆豪华轿车、一台个人电脑、一个度假别墅或一次一流的旅行，都是体现社会地位的购买行为。当购买一定等级或超过其他同事的产品时，客户就是在购买地位。十几岁的年轻人购买某种蓝色牛仔服，就是为了使自己看起来很"入流"。对物主身份的自豪感是显示地位的另一种方式。

业务员在介绍产品时应该回答的问题是：我的产品（服务）是如何为客户

带来地位的满足感的。

健康　购买健康可能体现在对于体育用品或体育馆会员证的购买上。它可能是一项全面的健康计划，或请一位医疗专家来对付慢性病，它也可能是使伤害事故发生概率较小的新机器设备。

业务员在介绍产品时应该回答的问题是：我的产品（服务）是如何为客户带来健康的。

第二章 销售，要从心开始

　　"攻心为上"用于销售业务中应该说是再恰当不过了，做业务只有真正地读懂了客户的心理，你才算找到了切入口，这样成功就不远了。

不用心揣摩，不好做业务

一位妇女走进一家鞋店，试穿了一打鞋子，没有找到一双是合脚的。营业员甲对她说："太太，我们没能有合您意的，是因为您的一只脚比另一只大。"

这位妇女走出鞋店，没有买任何东西。

在下一家鞋店里，试穿被证明是同样的困难。最后，笑眯眯的营业员乙解释道："太太，您知道您的一只脚比另一只小吗？"

这位妇女高兴地离开了这家鞋店，手里拎着两双新鞋子。

不同的服务人员会给客户以不同的感受，不同的销售方式能导致不同的销售结果。营业员甲之所以失败，是因为她不懂得客户的心理——女性爱美，不喜欢别人说自己的脚大。

在推广自己的产品时，潜在的用户往往会出现各种心理变化，如果不仔细揣摩客户的心理，不拿出"看家功夫"，就很难摸透对方的真正意图。

你"看"客户的时候，要揣摩客户的心理。客户究竟希望得到什么样的服务？客户为什么希望得到这样的服务？这是服务人员在观察客户时要不断提醒自己的两个问题。因为各种各样的原因会使客户不愿意将自己的期望说出来，而是通过隐含的语言、身体动作等表达出来，这时，就需要及时揣摩客户的心理。

心理学家做过的实验表明，人们视线相互接触的时间，通常占交往时间的30%~60%。如果超过60%，表示彼此对对方的兴趣可能大于交谈的话题；低于

30%，表明对对方本人或话题都没有兴趣。

视线接触的时间，除关系十分密切的人外，一般连续注视对方的时间在 1 ~ 2 秒钟，而美国人习惯在 1 秒钟内。

一位 30 岁左右的男客户带着自己的母亲来给儿子买钙片，两个人在货架中转上几圈才看到一款心仪的产品。

"这种钙片效果不错，小孩子服用后很容易吸收，很多家长都点名要它。"店员李洋站在一旁介绍着。

"好是好，就是太贵了。不管大人还是小孩，老吃好药也不行。"老太太拿着钙片有些犹豫。男客户刚要说话时，手机突然响了，他便走到一旁接听电话。

老太太一个人呆看着那盒钙片，半天迈不开步。

"阿姨，您觉得这个钙片也不错，是吗？"店员李洋走过去问道。

"可这也太贵了。一瓶 200 多元才够吃一个半月。"老太太摇摇头准备将其放回货架。

"阿姨，我一看您就想起我母亲，一辈子都为儿女操心，自己没用过舒心的东西。看来您很疼孙子，连买个药都要亲自跑一趟。既然您看好这个产品，想必买回家给孙子，您自己也会觉得开心。这药价虽然高了点，但一分钱一分货。况且现在药品安全存在隐患，给小孩子还是要购买质量好的保健品。"李洋的一番话让老太太的意志有些动摇。

"是啊，现在都是穷啥也不能穷孩子，我也怕便宜的药会给孩子吃出毛病，我们家都围着他转。"老太太拿着钙片还没撒手。

这时，男客户打完电话也走过来征求母亲的意见。

"大哥，阿姨手里拿的钙片是儿童钙片中最好的，阿姨很满意，您看……"李洋马上将目光转移到男客户身上。

"有点贵。"男客户看看价签，并没有反对的眼神。

"大哥，我觉得这个给小孩子吃比较好，而且阿姨也看上了，拿回去给孙子吃，她心里也会舒服。老人家只要舒服就会减少生病的几率，老人家健康不就是儿女的希望吗？"李洋继续揣测客户心理。

"贵是贵点，不过只要您老觉得好，咱们也不差钱。"男客户的心被李洋说得有些蠢蠢欲动，"妈，你要觉得好，咱们就买下它。"

片刻，老太太便拿着药品开心地朝收银台走去。

要在沟通中更好地揣摩客户的消费心理，不要急于导购、急于让客户购买，盲目地为了"卖"而"卖"，说了一大堆废话仍没有达到自己的目的。客户本来就属于药店的对立方，店员若不能抓住他们的心理，说再多的话语也只是会冲淡所要表达的主题，从而出现"跑单"的情况。

不懂客户，就做不成业务

要想说服你的客户，首先要对每个产品的性能、功效、价位等了解得清清楚楚，甚至亲自使用过，平时注意收集客户使用过的感受、变化等，这就是所谓的"知己"。"知彼"就是你要了解客户的真正需要，知道他想要什么，结合自己的产品知识、行业背景，满足他的需求。

一般来说，在迎接客户之后，销售人员应该通过询问客户的一些基本问题来了解客户的实际情况，只有掌握这些内容，才能向客户推荐合适的产品。

不同的问题带来的客户的回答和结果是不一样的。必须预计每个问题可能带来的回答，以选择那些有利于销售的问题，因此，尽可能提供那些能获得信息、容易回答的。如：谁、什么、哪里、什么时候、为什么、怎样、告诉我关于……这些容易回答并能提供那些能获得信息的问题，它能帮助销售人员了解客户的一些潜在需求。

通过提问，及时了解客户的特殊需求，避免说上一大堆，介绍了许多产品之后仍然不知道客户的真正需要，还要注意从客户的回答中找出隐藏着的真正需要。因此，对于销售人员来说，聆听客户的回答和陈述很重要，因为它包含了客户很多的潜在需要，也就是说隐藏了许多的销售机会。聆听客户的陈述时，应该注意，保持最大的注意力，切忌东张西望，心不在焉，也不要随意打断客户的谈话，因为这样显得不尊重客户，对客户不礼貌。还有就是尽量避免否定的价值判断，如"你这话就不对了"……

在提问和聆听之后，销售人员就要分析一下，抓住其中的销售机会。有时候，客户并没有直接说出他的需要，而是用一些否定的说法和判断掩盖了他的需要。例如客户说"我不需要这种产品，因为我……所以我……"乍听之下，客户似乎并没有什么需要，但仔细一分析，其实客户真正的需要是相对这种产品之外的另外某种产品。

小品中高秀敏道出了赵本山的强项："听说人家买马他上人家那儿卖车套，听说人家买摩托上那儿卖安全帽，听说人家失眠上人家那儿卖安眠药……听说柱子开四轮车把腿砸了，贪黑起早做了这副拐……"

赵本山："这叫市场，抓好提前量！"

最快速的销售就是根据客人的需求来推荐。很多门店的导购不知道客人的需求，也不去询问客人，转身就给客人推荐一些自己感觉很合适或者自己认为很漂亮的衣服，结果客人来一句"不喜欢，一般般"的回答，反而给销售服务造成障碍。

有一天，促销员李彤在产品架前看到一个老大妈在牛奶区转来转去，看看这个，看看那个，好像自己拿不定主意。李彤迎上去问：

"大妈，您要买哪一种牛奶？"

"随便看看！"其实呢，这位大妈是要买牛奶，但她究竟买哪一种？给谁买的？这时，就要了解她的需求。李彤看在眼里，心里有了谱。她上前又问：

"大妈，您经常喝哪一种牛奶？"

大妈说："我不经常喝牛奶，今天是想给孙子买，但不知道他喝哪一种好？"

李彤明白了。结合自己的产品知识，给这位大妈推荐了儿童高钙奶和儿童钙铁锌奶，价位都是 24 元，又分别介绍了各自的优点，重点强调了钙铁锌奶的矿物质含量更全。通过比较，这位大妈很高兴地买了一箱钙铁锌奶，还直夸李彤懂得多，说下次还来买。

因此，在销售过程中，只有了解消费者的真正需求，才能结合自己的知识去满足他（她）。

服务员要善于从客户的身体姿态中体察客户的心理。客户听到你说这个产品价格是多少时，总觉得你在催促他掏钱买你的东西，难免会产生紧张心理，因此，一定要强化产品给客户带去的好处，减弱产品价格的副作用，让客户有一种"拥有"该产品的心理。

晓明在河南做一个治疗近视的眼药水的生意，产品确实很贵，一个疗程三小盒，298 元，很多家长带孩子来咨询，那种心理就是：买吧，太贵；不买吧，孩子这眼睛怎么办？针对这种情况，晓明问他们：孩子现在是不是正在长身体？正在生长发育？如果现在不治疗，当假性近视成为真性近视时，你花多少钱能治好？他们当然不知道，晓明就告诉他们：那时，眼睛已经变成器质性病变，花多少钱也不能治好了。接着，晓明又告诉他们：我们近期搞活动，一疗程送一小盒，活动马上就要结束，你要是不买，以后没这种机会不说，更重要的是你耽误了孩子的治疗时间。现在治疗，就有希望，好好学习，以后还能考个好学校呢；不治疗，就没希望，孩子的未来在哪里，自己看着办！

通过这样的说服，90% 的人都会购买，为什么？因为产品能给他们带去好处，这种好处已经超过了价格显示的价值！他们拥有的不仅是眼药水，而是孩子的未来！

由此可见，抓住客户的心理你才能事半功倍，取得好的业绩。

做好客户的"知心人"

客户是朋友，只有当我们真正与客户成为朋友，这才是我们最大的资本。如果你真正能让客户当你是朋友，那么，这样的朋友是会给你的生意带来许多好处的。以真诚的心，去对待每一位客户，把每一次接待，都当作是在为自己的朋友（甚至是自己）服务，这样你就能得到不少的朋友。

我们在实际的工作中，如果能真正为客户多想想，多做一点力所能及的事，客户的感动是很真诚的。

去年冬天，一位长者来展厅看车，不巧原来与他联系的那位同事在休假，于是李颖热情地接待了他，带他取钱，帮忙提车、加油，就这样结识了这位长者。之后他每次来展厅都很关心他们及他们公司的销售情况，有时还会与李颖拉拉家常："你家有几个兄弟姐妹啊？他们都做什么工作？"他还把自己的收藏品拿给她看，去年6月份车展的时候他还特地从关外赶来与她一起拍照留念，并约定时间一起爬山。

感受到这位长者的关爱和祝福，李颖心里觉得特别温暖。这种温暖和快乐其实同事们也常遇到。当自己走在路上，突然有个熟悉的车停下来问你要去哪里，要不要送你一程。简单一个招呼，一个微笑，心底里油然而生的是一种温馨喜悦。即使客户没有看见你，吉利车从身边飞驰而过，心里也会觉得惬意和快乐，吉利汽车与李颖的生活已是紧密相连。

二月份李颖公司举办了"赠人玫瑰，手有余香"的爱心传递活动，其实，人生的付出与收获亦等同此理，物质丰厚是幸福，但仅此而已是不够的，幸福的关键是活得有价值，在我们享受关爱的同时，也要给身边的其他人"力所能及"的关爱，帮助别人是快乐的，经常帮助别人的人就能经常体验这种快乐，而太多的快乐编织在一起，就形成了幸福。只有这样，我们才能在"知恩、感恩、给予"的循环中不断地感受快乐、收获幸福。也只有和客户先做朋友，才能得到客户的信任，从而有利于自己以后工作的开展。

一个成功的生意人，不仅需要过人的智慧、高人一等的生意手腕、精明的用人方法，更需要超人的魄力，拥有超强的人脉网络，以及长远的目光和进取的心态。想达成交易，不妨和客户先成为朋友。

某电气公司的约瑟夫·韦伯在宾夕法尼亚州的一个富饶的荷兰移民地区做了一次考察。

"为什么这家人不使用电器呢?"经过一家管理良好的农庄时，他问该区的代表。

"他们一毛不拔，你无法卖给他们任何东西，"那位代表回答，"此外，他们对公司火气很大。我试过了，一点希望也没有。"

也许真是一点希望也没有，但韦伯决定无论如何也要尝试一下，因此他敲敲那家农舍的门。门打开了一条小缝，屈根堡太太探出头来。

"一看到那位公司的代表，"韦伯先生开始叙述事情的经过，"她立即就当着我们的面，把门砰地一声关起来。我又敲门，她又打开门；而这次，她把对公司的不满一股脑儿地说出来。"

"'屈根堡太太。'我说，'很抱歉打扰了您，但我们来不是向您推销电器的，我们只是要买一些鸡蛋罢了。'

"她把门又开大一点，怀疑地瞧着我们。

"'我注意到您那些可爱的多明尼克鸡，我想买一打鲜蛋。'

"门又开大了一点。'你怎么知道我的鸡是多明尼克种？'她好奇地问。

"'我自己也养鸡，而我必须承认，我从来没见过这么棒的多明尼克鸡。'

"'那你为什么不吃自己的鸡蛋呢？'她仍然有点怀疑。

"'因为我的鸡下的是白壳蛋。当然，你知道，做蛋糕的时候，白壳蛋是比不上红壳蛋的，而我妻子以她的蛋糕自豪。'

"到这时候，屈根堡太太放心了，变得温和多了。同时，我的眼睛四处打量，发现这农舍有一间修得很好看的奶牛棚。

"'事实上，屈根堡太太，我敢打赌，你养鸡所赚的钱，比你丈夫养乳牛所赚的钱要多。'

"这下，她可高兴了！她兴奋地告诉我，她真的是比她的丈夫赚钱多。但她无法使那位顽固的丈夫承认这一点。

"她邀请我们参观她的鸡棚。参观时，我注意到她装了一些各式各样的小机械，于是我'诚于嘉许，惠于称赞'，介绍了一些饲料和掌握某种温度的方法，并向她请教了几件事。片刻间，我们就高兴地在交流一些经验了。

"不一会儿，她告诉我，附近一些邻居在鸡棚里装设了电器，据说效果极好。她征求我的意见，想知道是否真的值得那么干……

"两个星期之后，屈根堡太太的那些多明尼克鸡就在电灯的照耀下了。我推销了电气设备，她得到了更多的鸡蛋，皆大欢喜。"

做朋友和引导客户消费两不误，我们何乐而不为呢？

从一位到一群，以点带面

每一位客户的背后，大体有 N 名亲朋好友同事等。如果你赢得了一位客户的良好口碑，可能会赢得 N 个人的好感；现在的客户购物往往货比三家，你得罪了一名客户，也就意味着你忽视了其背后 N 名客户所带来的负面效应，你的竞争对手也就多了一位客户，有人说，开发新客户要花费留住老客户的 N 倍成本。

企业如果仅是满足客户的需求，那么，当竞争者提供更有吸引力的东西时，这些客户就会很容易地转向竞争者的品牌。一份关于消费包装品的调查报告说明，44%的原来据称满意的客户后来改变了品牌；而对商品质量和价值高度满意的客户不会轻易转向另一品牌。

企业要创造出更多的客户，一个重要途径是保持老客户，使现有的客户成为忠实的客户，并通过他们来吸引潜在的客户。对于一个企业来说，销售业绩的80%来自于老客户的重复购买。因此，要取得好的销售业绩，就必须保持住老客户，使其不断地重复购买企业的产品，而不转向购买竞争者的产品。企业维持老客户的时间越长，它所取得的业绩也将越大。资料显示，吸引一个新客户的成本是保持一个满意的老客户的 5 倍。对盈利率来说，吸引一个新客户与丧失一个老客户相差 15 倍。因此，企业在开拓新客户的同时如果失去了老客户，那么即使销售量还能维持不变，但利润也会大幅度降低。因此对任何一个企业来说，保持客户比吸引客户更重要，而为老客户办理优惠卡来留住他们是一个重要的方法。

宜家根据会员来店的频率而不是购买金额进行奖励。在宜家看来，客户只要来，就一定会买东西。宜家相信，和那些不常逛店、只要一来就买很多的客户相比，经常来店、每次不一定买很多东西的客户更有价值。所以，宜家采取了很多鼓励措施，吸引会员经常来宜家逛逛。

比如在周一到周五，会员到宜家能够享受免费的咖啡；

周一到周四，会员可以带着家里的照片图纸，来门店找宜家的设计师进行免费的家装咨询；

每周面向会员开放宜家的家居装饰讲座，会员通过电话或者电脑报名等活动。

有一个最经典的案例，宜家向每个买过圣诞树的客户承诺，只要他们在一月份到宜家门店来，就可以报销部分的圣诞树款。要知道一月是全年的淡季，既然都到了门店，又怎么会不顺便逛一下，多多少少买点东西呢？

服务还不止这些呢！宜家每年都会淘汰 1/3 的旧款，同时推出新款。所以，在任何一款商品停止生产之前，宜家都会通知曾经买过、或者是曾经有过购买意图的会员。比如曾经买过某个柜子的会员，宜家会询问是不是需要换柜门或者其他配件。否则，等停产了就只能全部换掉了。

事实上，大到一个系列新款，小到一套碗碟的新商品，以前购买过类似商品的会员都会收到来自宜家的"温馨提示"。

从会员刷卡的记录中，宜家可以确切地知道某个客户所购买的商品，这样可以帮助宜家有效地推出新的市场和服务；在对客户的分类中，宜家可以知道某一类产品适合怎样的客户，也可以根据这个信息来改变门店产品的布局。

比如很多客户基本上要买的商品，布局就非常显眼，对每一个进入宜家的客户来说，这不一定是他想买的，但他必须要花更多时间去找他要买的东西，更有可能第一眼就买下了他原本不想买的东西，这样销量就上去了。

事实上，拥有宜家俱乐部的会员卡不难，走进宜家的会员店，想用会员价格买到会员产品，你在填好一张宜家俱乐部会员登记表格之后，就会得到一张红黑底色的卡，上面写着"IKEA FAMILY"，有长达15位的会员卡号，然后你去收银台刷卡买单，你就可以为同样的商品少付几元到几百元的会员差价。并且，这样的申领过程是完全免费的。

宜家之所以做得很成功，突出表现在这些细节上，通过优惠卡和会员卡不断地拉拢老客户。

一个高度满意的客户会更长时期地忠诚于企业，会购买更多的企业新产品并提高购买产品的档次，会对公司及其产品有好感并为它们进行宣传，会忽视竞争者的品牌和广告并对价格不敏感，会向企业提出改进产品和服务以更好地满足客户需要的建议。同时，由于与老客户进行交易已成为一种惯例化的交易行为，不会像与新客户进行交易一样要经历艰难的讨价还价的过程，这会降低企业的交易成本。

开卡促销也是美容院基本的促销手段，并已成为美容院主要的促销方式之一，开卡的形式多种多样，小到如：月卡、季卡、年卡；大到如：金卡、银卡、积分卡、贵宾卡、会员卡等。

美容院为了稳定住忠诚的老客户，在客户护理期间，为客户办理的促销卡，在金额上享受一定的优惠，即办理月卡比每单次消费的费用低，办理年卡比办理月卡总和消费要低，并且客户还可享受一定的购买产品优惠及折扣，享受美容院的各种优惠项目。

优惠卡，是一个有效留住老客户的方式，由于留住一个老客户比开发一个新客户的成本要小得多，所以，优惠卡受到很多商家的青睐。

商场如情场，客户如女孩

商场就如情场，追客户就要像追女孩一样，细究起来，其实也是一场斗智斗勇、比耐力拼决心的"爱情长跑"。这两者，虽然被许多人视作极困难之事，却深藏学问，其中大有规律可循、多有技巧可寻。

不会追女孩子，就别去面对客户！

追求女孩，先要找机会相处，接着送些礼物，在求婚前要说美好的将来，向她表忠心。销售人员和客户交往也一样。

女孩子不好追，你主动与之接近，可她心眼奇小如海底的针，她心思善变如天上的云，欲迎还拒、难以捉摸；客户也不好求，你上门寻求合作，可他们对你的条件诸多挑剔，他们索要的"聘礼"让人为难，店大欺厂、择人而"嫁"。

最浅显的道理是，与客户初次见面或交情尚浅，就不好开门见山直奔主题，要求"请你向我下 100 万元订单"。这就好像我们在街上遇到漂亮的女孩，虽然看着喜欢，却不可以跑上去跟她讲"请你嫁给我吧"。为什么？因为大家还不了解呀，别人怎会贸然把终身托付给你！要增进了解，第一步是找机会相处。销售人员就要有"四勤"、"三责任"之要求。"四勤"是"勤访客户；勤当消费者；勤当旁观者；勤作导购员"。"三责任"是"客户赚不到钱是我们的责任；客户卖得不好是我们的责任；客户不满意更是我们的责任"。"勤访客户"的标准是，1 个月中，至少有 20 天是必须出差在外的。做这样的规定，就是为了让营销人员花时间与客户多相处。

这很好理解：追女孩子，讲究脸皮厚、鞋底厚；销售人员对目标客户，也理应紧盯不放、死缠烂打，但又不能让对方产生反感。我们拜访客户，有所谓的"成功五步诀"，说的是：第一次拜访客户，没被赶出来；第二次，给对方名片而没被当场扔掉；第三次，客户肯赐你一张名片；第四次，肯给你 5 分钟时间介绍企业与产品；第五次，肯接受你的邀请吃一顿饭。这五步，代表你阶段性的成功。这样的容易满足兼自我宽慰，虽然接近"阿 Q 胜利法"，却是优秀销售人员必须具有的心理素质，即使遭到拒绝、攻关受挫，也不该灰心丧气甚至萌生退意。

"鲜花攻势"的配合也很重要。浪漫是需要金钱来营造的，女孩子多喜欢风花雪月，偏爱鲜花和巧克力，所以千万别吝啬你的小钱，多送礼物总能拨动她的心弦；对于客户，如果开展"鲜花攻势"，同样是博取好感、增进友情的良策。有位朋友，一心想把产品卖给一家省级经销商，为此没少请对方老总吃饭，但是成效终是不彰。一打听，原来是该老总天天有人请吃喝，多到让他记不住每一个做东者。朋友就心生一计，把该老总请到乡下吃农家饭。后者平常出入多为高档酒楼饭店，赴这样特别的饭局却是头一遭，所以对朋友的安排特别满意，印象自然深刻。结果你已猜到——生意很顺利就成交了。

这个故事能够说明：越是大客户，就像是最漂亮、最出众的女孩子，越是有大批追慕者在其身边围着打转。如果别人都送玫瑰你也送玫瑰，别人送 999 朵你也照送 999 朵，那你不过是众多追慕者中顶不起眼的一位，怎能教人有感觉？是故，"鲜花攻势"也讲究策略，最忌没有个性而落入俗套。

　　商家选择合作方的标准，同样可以部分参考女孩子挑男朋友的眼光：诚实、可靠，总之要有安全感。这也难怪，近些年国内的诚信体系很不健全，同时，随着市场竞争的加剧，许多看似庞然大物的企业，不定哪天就在大浪淘沙中被涤荡得没了影啦，所以商家不得不很警惕，担心傍上"骗子企业"和"短命鬼"。

　　对此，销售人员仍然可以从"恋爱宝典"中找到解决之道：男人向女孩子求婚前，畅谈美好的未来，向她表忠心，成功概率即会倍增；我们见了客户，也不妨多多介绍企业的宏大发展规划、描绘双方合作蓝图。这样，既增谈资，又可建立诚信可靠的正面高大形象。

　　有时候，也要勇担责任。恋人相处，女孩子偶尔闹闹小脾气，使使小性子，可能为了一些连她自己都说不清的原因。做男友的，一声不吭态度老实，等她骂得差不多时，还关心一句："别气坏了身子，不管什么原因惹你生气都是我不对。"怎不叫女孩子爱意倍增，甜从心起？其实，上面所提出的"三责任"，也颇能让客户体验当女孩子的感觉。更何况，我们不仅说，而且做：提供各项支持帮客户出货。这对客户更是一份意外之喜。

　　追客户犹追女孩子，纵然爱她，也该有一定之原则，不可将之捧上天。说这话可能会招来女孩子的一片骂声，但事实就该如此。有一个朋友跟一零售巨头谈判，希望产品能进驻其名下的卖场。但对方开出的条件实属苛刻，叫人难以接受。多谈无益，朋友就明确告知己方底线，并略为透露说同城的另一家商业巨头正有意同他们合作；此后有一周的时间，对该零售巨头进行了"冷处理"。朋友态度的变化，使对方顿感失落，而竞争者的加入，愈发增加了其危机感。权衡之下，那位零售巨头主动向朋友示好，并最终成功"联姻"。因此说，一味迎合退让，只会让人看不起；不亢不卑才是正确的交友、为商之道。

追女孩子有诀窍，胆大、心细、不要脸，三者缺一不可。做推销员也是如此：不要畏惧困难；想客户之所想；不怕被拒绝。

弄清楚女性客户的消费心理

据权威部门在一次研讨会上公布的一项网上调查显示，女性在家庭消费中完全掌握支配权的占总数的51.6%，与家人协商的占44.5%，女性不作主的仅为3.9%。调查还显示，女性个人消费在家庭支出中占一半的比例高达53.8%，而且父母、子女、丈夫等家人的生活需求也大多由她们来安排。可见，女性客户是客户的主流，如果把握好这部分客户，你的成交数额可想而知。

女性客户的消费特征主要有以下体现。

商品需求面较大

长期以来，性别分工合作的模式是"男主外、女主内"。女性负责家庭的日常生活问题。整个家庭所必需的商品（如柴、米、油、盐等）、家庭成员所必需的商品（如衣物、鞋帽、书籍、学习用品等），甚至访亲送友的礼品，都是她们所关心和要购买的。

由于女性长期处于消费终端，所以女性的审美观影响着社会消费潮流。自古以来，女性的审美观就比男性更加敏锐。年轻女性的心境支配着流行；女性不仅自己爱美，还注意恋人、丈夫、儿女的形象。商品的流行大多是随女性的审美观的变化而变化的。

购买前期要反复考虑

女性在购物之前一般要比男性想得多、想得全。她们想的问题方方面面，包括商品的实用性、价格、质量、品牌、售后服务等。一般来说，女性客户在购买某一商品前都要经历以下几个阶段。

确定购物目标。女性客户在购物前肯定会仔细考虑买什么、买多少、买什么样的，经过一番构思定位，最后再确定目标。但有时女性客户购物比较感性，也许有些商品不是她们的购物目标，但由于业务员的推销技巧或促销活动的吸引，有时她们也会突然消费。

征求他人意见。女性客户在做决定时大多会比较犹豫，如果她们想买什么，要先向朋友、亲戚征求一下意见。

制定大致预算。也许是由于女性天生的细心，她们在购物前都会考虑一下自己的财力，以决定买什么价位的商品。所以在女性客户购物时，一般不会发生钱没带够等现象。

考虑消费后的情况。女性客户在购物前一般考虑得比较周到，她们会想到把商品买回来后应该怎么用，甚至会考虑如何携带、如何摆放等问题。所以她们购物时会很强调实用性。

大量咨询信息。购物时要"货比三家"，这个购物原则在女性客户身上会体现得淋漓尽致。她们在购买前会大量咨询同类型产品的信息，包括质量、功能、价位等。所以业务员在与女性客户打交道时会发现她们有时对专业知识也特别了解。

购物时横挑竖选

女性在购物时比男性敢转、敢看、敢触、敢试、敢侃、敢买、敢退。"横挑鼻子竖挑眼，不达目的不罢休"是多数女性客户的心态。女性客户在购买过程中一般会经历以下几个过程。

确定对象。在经历过大量的信息咨询后，女性客户一般会选择一个购物对象进行购买。但不要认为她们就会认定你这一家，如果在接触中她们发现另外一家更好，那肯定会马上离去。

产生冲动。经过业务员的介绍和自己的比较，女性客户如果还没离去的话，那就证明她们已经有意购买了。产生冲动的原因不外乎三种。

第一种是符合目标。经过考察和初步接触，产品的质量、功能、价格等符合客户的预定期望。

第二种是受人引导。在购买过程中业务员或同行人的劝说也有可能使客户产生冲动。

第三种是促销活动的吸引。也许商品不是客户的目标，但优惠的价格等会使她们产生冲动。

反复挑选。冲动过后或同时，便进入了挑选商品阶段。不符合购买者需求的，即使购买者喜爱也不会成交。挑选商品，女性一般会比较仔细，她们对商品的方方面面都会关注到。业务员若催促她们"快点试、快点定"，会引起女性的反感；说"没关系，您慢慢看，慢慢试"，反而会促使女性加快挑选的速度。

确定商品

如果上述几个过程进行得比较顺利的话，这时客户就会确定购买与否了。但有时女性客户常常犹豫不决，她们会显得不太自信，不知自己的决定是否正确。

一般的女性客户都会十分关注售后服务，她们希望自己的消费能够得到保障。

接待女性客户应该把握以下原则。

主动介绍。接待女性客户应该着重介绍商品的质量和售后服务，多摆优点，有时也不妨用货源紧缺和赞许已购者"有眼力"来促使成交。

要有耐心。女性客户在购物时会比较细心，这时业务员只需要静静地耐心等待就可以了。

给些建议。女性客户在购物时希望得到他人的建议，在接待女性客户时多给对方一些较为专业的建议会很好地促使客户做决定。

适当赞美。每个人都希望得到赞美，女性客户更是这样。但赞美要以事实为依据，否则会弄巧成拙。

提供帮助。如果在购物后业务员主动提供一些帮助（如送货等），会在女性客户的心里留下极深的印象，那她今后也许就是你的忠实客户。

弄清楚男性客户的消费心理

我国 20 岁以上的男性约有 3 亿，而且在大部分组织里，有决定权的大多是男性。相对女性客户来说，男性客户的消费心理相对简单。

男性客户的消费特征

消费金额相对较大。相对于女性客户，男性客户的购买能力要强一些。从社会角度讲，在大多数组织里，男性领导的数量明显多于女性，所以在一些数额较大的消费上，一般是男性在做决定。

消费理性化。对男性客户影响最大的购物因素是自身的需求和产品的性能。

消费过程比较独立。由于男性的自尊心比较强，所以他们一般不会受他人的影响。

购买过程相对较快。男性客户在购物过程中不太喜欢挑选，只需要稍加浏览，他们就会付款成交。

购买后一般不会后悔。男性客户在消费后一般不会否定自己的选择，所以要求退换货的男性客户相对较少。

接待男性客户的一种原则

建议合理化。在与男性客户打交道时，尽量不要太啰嗦，说得太多会引起他们的反感。

服务温情化。男性客户在购物时要求不会很多，但在他们的内心还是希望得到温情的服务，如果忽略了这一点，即使他买了你的产品，也不会成为你的忠实客户。

售后主动化。男性客户一般不会花太多时间去了解市场行情，如果你经常打电话给老客户，向他介绍一些新产品或促销活动，他也许会成为你的忠实客户。

弄清楚儿童的消费心理

儿童虽没有收入，但他（她）的"钱袋"很大。据我国一项调查表明，北京、上海、广州、成都、西安五城市，1~12岁的少年儿童年消费总额为300亿元以上。可见，如何给儿童提供他们所喜爱的商品和服务，已成为商家最重要的营销任务之一。抛开家长的决定因素不谈，儿童的消费心理大致有以下几点。

对商品外表比较感兴趣。由于儿童缺乏对商品性能等方面的知识，他们看待某一个商品时，都是从商品的包装来确定自己是否喜欢，所以大多数的儿童商品在包装上是很下功夫的。

互相攀比心理。在儿童中间，"比"的心理是最突出的，而且他们会把攀比表现出来。

从众心理。消费心理研究表明：同伴的影响渗透到儿童消费行为的各个方面。

开始追求流行。这里主要指的是7~14岁的少年儿童。由于对社会的接触，参加集体活动等逐渐增多，他们的消费观念的形成、消费决策的确定、消费爱好的选择等不断由受家庭影响逐渐转向受集体、群体及同龄人的影响。

对品牌有一定认知。稍大一些的儿童在对商品的认识上，不再满足于对具体的、个别的商品的了解，而开始认识商品的类型、产地、质量、商标。有的少年受社会各种因素的影响，开始形成"认牌购买"的心理与行为。例如，一些中学生对运动鞋、运动衣或某一类文具等都有认牌购货的行为。

弄清楚年轻人的消费心理

年轻人的消费，受其内在的心理因素支配，同其他消费群体相比，具有鲜明的心理特征。青年在整体的客户群中所占比例比较大，消费能力也正在逐渐提升。具体来说，现代青年的消费心理主要有以下几方面的体现。

追求新颖与时尚

年轻人思维活跃，热情奔放，富于幻想，容易接受新事物，喜欢猎奇，反映在消费心理和消费行为方面，表现为追求新颖与时尚，追求美的享受，喜欢代表潮流和富于时代精神的商品。

崇尚品牌与名牌

年轻人特别注重商品的品牌与档次。在他们看来，名牌是信心的基石、高贵的象征、地位的介绍信、成功的通行证，追求名牌要的就是这种感觉。因而，青年在购物时，虽然也要求产品性能好、价格要适中等，但对商品的品牌要求越来越高。调查表明，有49.2%的青年认为"要买就买最好的，要买就买名牌"。

突出个性与自我

年轻人处于少年不成熟阶段向中年成熟阶段的过渡时期，自我意识明显增强。他们追求独立自主，力图在一举一动中都能突出自我，表现出自己独特的个性。这一心理特征表现在消费心理和消费行为方面，则是年轻人消费倾向由不稳定向稳定过渡，对商品的品质要求提高，尤其要求商品有特色、上档次、有个性，而对那些一般化的、"老面孔"的商品不感兴趣。

注重情感与直觉

年轻人的情感丰富、强烈，同时又是不稳定的。他们虽然已有较强的思维能力、决策能力，但由于思想感情、志趣爱好等还不太稳定，波动性大，易受客观环境、社会信息的影响，容易冲动。这些反映在消费心理和消费行为方面，年轻人的消费行为受情感和直觉的因素影响较大，只要直觉告诉他们商品是好的，可以满足其个人需要，就会产生积极的情感，迅速做出购买决策，实施购买行为。

赢得青年，就赢得未来，这在商战中同样适用。在市场竞争中，谁能抓住青年消费群体，谁就占有更多的市场份额，就能在市场竞争中赢得优势。年轻人消费行为中所表现出的鲜明的消费心理特征，为工商企业有效地组织生产与推销产品提供了重要依据。

力主创新。随着科学技术的迅速发展和人民生活水平的不断提高，商品使用寿命相对缩短。在这种情况下，企业必须树立创新意识，把创新作为市场上克敌制胜、吸引需求和挖掘潜在需求的有力武器，不断满足青年客户追求新颖与时尚的心理需求。

争创名牌。通常而言，名牌产品能争取到一个比较有优势的价位，在相同价位上会比它的竞争对手卖得出、卖得多、卖得快。有些商品能以高出同类商品好多倍的价格出售，就是靠着名牌，而年轻人所追求的也正是这种效果。

突出个性。目前，在商品市场中颇为流行的定制消费，是青年消费个性化的突出表现，也是企业依据青年消费特点作出的反应。

攻心为上。古语云"攻心为上"，这句话同样适用于商战。企业与客户之间，需要一种人际感情的交流。感情是一种巨大的力量，如果能通过感情传递、感情交流、感情培养，令青年客户产生心灵上的共鸣，那么企业的产品、品牌就容易为年轻人所理解、喜爱和接受。因此，企业要善于发掘自身产品内在所包含的感情，并通过产品设计、包装、广告等淋漓尽致地展示这些，在以质取胜的同时，更以情动人。正如美国心理学家弗兰西克·罗里所言："客户是人，而人是有感情的。"

弄清楚老年人的消费心理

据统计部门的估计，在今后 40 年里，中国 60 岁以上人口的总量将急剧增加。到 2025 年我国老年人口占总人口的数量将达到 18.5%，到 2050 年我国老年人口占总人口的数量的比值将处于最高峰值，达到 25.2%。随着我国老年人口数量和比重的大幅度提高，老年市场将成为众多市场中一个极具魅力、潜力巨大的市场。把握好老年人这一消费主力，是每个商家的必修课。一般来说，老年人的消费心理可以从他们的特定需求看出。

健康需求。人到老年，常有恐老、怕病、惧死的心理，希望社会对老年人的健康能有所保证。

工作需求。离退休、病休的老年人多数尚有工作能力和学习要求，骤然间离开工作岗位肯定会产生许多想法。这样的老年人如果没有工作和学习的机会，将会影响他们的身心健康。

依存需求。人到老年，会感到孤独，希望得到社会的关心、单位的照顾、子女的孝顺、朋友的往来、老伴的体贴，使他们感到老有所依、老有所靠。

和睦需求。老年人都希望有个和睦的家庭和融洽的环境。不管家庭经济条件如何，只要年轻人尊敬、孝顺老人，家庭和睦，邻里关系融洽，互敬互爱，互帮互助，老年人就会感到温暖和幸福。

安静需求。老年人一般都喜欢安静，怕吵怕乱。有时老年人就怕过星期天，因为这一天儿孙都来了，乱哄哄的一整天，很多老年人是受不了的，他们把这天称作"苦恼的星期天"。

支配需求。由于进入老年，社会经济地位的变化，老年人的家庭地位、支配权都可能受到影响，这也能造成老年人的苦恼。

尊重需求。原来有地位的老年人离开工作岗位后，经历由官到民、由有权到无权的过程，会产生"人走茶凉"、"官去命转"的悲观情绪。他们遇朋友就叹息，甚至不愿出门，不愿到单位去，不愿参加社会活动。长此下去，则会引起精神抑郁和消沉，为疾病播下种子。

坦诚需求。老年人容易多疑、多忧、多虑，求稳怕乱，爱唠叨。他们喜欢别人征求他们的意见，愿出谋献计。我们对老年人的这些心理特点，要以诚相待，说话切忌转弯抹角。

第三章 物美价廉，要的就是性价比

　　物美价廉是客户对商品亘古不变的追求，客户要求实惠和低廉价格的心理，不用猜就应该知道。因此，商家要尽量地去满足客户的这种心理，产品才会有市场。

性价比，客户的内心指标

大家在购买过程中或多或少都听商家说过，这商品品质好、性价比高。所以，许多客户都把性价比看成是选购商品的重要指标。

所谓性价比，顾名思义，即性能与价格的比值。老百姓购物，经常是"货"比三家，图的就是个物美价廉。随着经济的发展和人们生活水平的日益提高，在这个充满竞争的市场上，客户消费权衡的是商品在给自己带来价值的时候有尽可能低的价格，也就是以较低的价格去买质量比较好的商品。

面对着越来越理性的消费者，有些商家发现，尽管"大礼"比往年多了好几重，但似乎仍打动不了消费者的"芳心"，而一些在价格上大做文章的商品促销却立马见效。不少商家表示，消费者看重的是商品性价比，而不是看你送了多少礼。任何形式的促销活动都脱离不了价格因素，客户一般是先看好价格，再看其他形式的优惠。另一方面，消费者的口味变化又让一些商家绷紧了神经。现在客户要求的东西越来越多元化，商品的搭配也更自主，厂家原来的搭配方式很难满足客户的要求。比如选择家具过程中，很多客户都是自己 DIY（自己动手做），这种个性化的需求趋势越来越明显，商家搞活动促销，可以在这个方向上多花点心思。

每个卖场都在进行活动，每个卖场也都把营销活动作为吸引客户的主要手段。并且，每个客户的消费倾向也都被卖场的营销活动所影响。说白了，就是谁能够提供更多的优惠，客户就在哪里消费。

"超低价""捡便宜""买二赠一""超值换购"……这是大家在大卖场经常见到的促销信息。而到底哪个活动能够得到客户的青睐，或者说能够最大限度地刺激客户产生购买行为，这就需要我们有的放矢地来对待了。例如，在冬天临近的时候，对凉席进行包装促销，其收获的效果一般会低于所投入的促销成本。简单地讲，就是要促销客户需求的东西，包装大多客户"想购买"的东西。

只记得在卖，没有总结自己产品的性价比吗？不行，不仅是总结而且要总结得很在行、很地道、很实在。要把自己的性价比记在心里，背得很熟，可以巧妙地分析给客户听。

例如在竞争激烈的车市中，最有力的竞争武器还是汽车的性能、售后服务等。随着市场的日渐成熟，人们消费观念的理性回归，以核心技术为衡量准则的性价比将会成为车市中的主流，而建立在华而不实的配置和自我吹捧基础上的轿车，将会越来越无缘消费者的订单。

不难看出，面对五花八门的车型，如何选择一款性价比较高的汽车，正成为消费者最关心的问题。苏先生是一家广告公司的经理，由于业务发展需要，想买一辆大气的车，但由于公司创业不久，资金不是特别充裕，只有10万元左右的购车预算。苏先生让朋友帮忙参考，如何能既满足要求，又不占用太多的资金即可买一辆称心的车。朋友通过多方面比较，最后建议他买稳重、大气的比亚迪F6。开了两个月后，苏先生很满意，觉得很符合要求。

从苏先生的案例不难发现，随着中国汽车市场的逐步成熟，汽车行业的竞争将由价格竞争转向整车性能价格比的竞争。从近两年的市场表现来看，持续性降价并未给哪种车型带来理想的效果，相反，由于车型推出过多，价格下降过快，消费者购车渐趋理性，不再一味地追求低价，而更注重汽车性价比、汽车的使用成本和汽车质量的稳定性。

一位代理某品牌的汽车经销商说："代理销售汽车，也要选择性价比适合当地消费者需求的车型。因为目前过于频繁的新车推出潮和降价潮，不少车型已经湮没其中，消费者真正记得住的，还是那些性价比高和口碑好的车型。"

经销商的话充分表明，汽车性价比时代即将来临。面对日趋理性的消费者，汽车生产企业也逐渐从价格战和只重视品牌建设中"清醒"过来。一位汽车销售的负责人说，从长远来讲，降价不是未来车市最有效的竞争途径。对于汽车工业，一味地降价会使其陷入低层次价格竞争的泥潭。

业内专家指出，对于国内车市竞争最激烈的经济型轿车而言，提高性价比尤其重要。由于国内经济型汽车目前价位已与国际市场接轨，而生产远未形成规模，厂家的降价空间日渐缩小。因此，如何提高汽车质量和性能、减少汽车使用成本、提高汽车性价比等因素，将成为未来车市决胜的关键。

从专家的建议中可以看出，性价比对客户消费而言是多么的重要，是客户参考的一个最重要的指标。所以，想让自己的商品好卖，最重要的是提供质量好、价格合适的商品，具有好的性价比，就不用担心消费者不上门了。

让产品"说话"，客户才觉得"值"

客户对利的需求是首要的需求。人们往往有这样的思维误区，即把客户对利的需求片面地理解为买便宜东西，买价格低的商品。其实，"利"并不仅指形式上的价格低廉，而是指物有所值，物超所值。目前，许多商家为了满足客户对利的需求，拼命地打折促销，打来打去，即使货卖出去了，也没有赚多少钱，丢掉的不仅是利润，甚至可能是信誉。等到扛不住的时候，也只好关门谢客了。

何为物有所值、物超所值呢？就是客户的心理比较优势，客户在购买商品时，心理感觉付出的价款值得。比如，同样的一件衣服，放在自由市场里卖，100 元人们嫌贵，放在高档的大商场里卖 300 元，人们也许认为便宜。因为大商场附加了许多自由市场不可能附加的服务内容，如购物环境、可靠程度、信誉度、服务质量以及心理上的感觉等，而这些本身就是有价值的。尤其在当今物质满足程度较高的情况下，这些物质以外的满足更重要。所以利不是简单的价格低廉，而是客户在主观上认为物有所值、物超所值；是客户在权衡比较一番后愿意付出的价款。当然，要满足客户对利的需求，使客户感到物有所值、物超所值就要突出产品的功能。

在销售时，应避免直接进入产品，片面强调产品的本身如质量、外观等，因为消费者之所以购买，并不是因为产品质量好，外观漂亮，而是因为他有着某种需求。因此，这时应重点推销核心产品部分，即推销产品的功能，要强调消费者购买你这一产品后所能得到的满足。这样才能引起客户的注意和兴趣，激起他的购买欲望，为最终成交打基础。有些企业现在十分重视这一点。如有个化妆品公司就要求其推销员接受"我们在工厂中生产的是化妆品，但我们销售的是美貌"这一观念，这就是在教导他们推销时要注重产品的功能推销，要从产品功能与需求满足这方面来寻求推销的突破口。

一对年轻夫妇在苏宁重新装修开业的时候逛商场，促销员远远就看见他们在看 MD 电磁炉，且是 MD 的特价机，不知什么原因没买。

走到 SP 柜台前，那妇女说苏泊尔的也不错。

促销员马上接话说："对呀，了解一下吧，不用看其他的，你看一下苏泊尔的赠品就知道了。

"你看这黄色的铁搪瓷汤锅，没有一个牌子的电磁炉会送给您的，那他们做不出来还买不起吗？为什么他们不敢送，因为他们的电磁炉受热不均匀，用不了多久铁搪瓷会掉的；SP 电磁炉就不一样了，传热均匀就可以放心地使用了，是吧。多用富含铁元素的锅，尤其对女性身体好，补血；价格也不贵，399 元还有 SP 原装的汤锅炒锅送，要一个吧。"

男士转头悄悄问女士："那就要这个吧？"

女士微笑默认。

客户只关注电磁炉，说明客户的购买目的很明确，不是盲目购买；同时客户关注的是特价机，说明客户是属于追求实用、物超所值、购买力有限的客户。这是客户的理性需求。

这种类型的客户，以追求商品的使用价值为主要目的，特别注重商品的实用功能和质量，讲究经济实惠和经久耐用。

所以，导购员的介绍方向是电磁炉的功能和质量。但在这里存在问题，对于电磁炉这种产品来说，特价机产品同质化严重，大部分品牌特价机差异化很小。所以导购员就调整了方向，从赠品的独特性作为切入点，而避开了特价机同质化的问题。

赠品，也是客户所买商品的一个组成部分，对于有些贪图小便宜的客户，往往是"买椟还珠"，在众多品牌商品的比较中，把赠品数量多少当作一个比较重点。再加上一些买赠力度比较大的商家助推，导致有些客户对赠品的关心超过了对所买商品的关心。

但对于一些理性消费者来说，他们更看重赠品的耐用性、实用性、匹配性。案例中的客户是属于理性客户，所以案例中的导购员在介绍的过程中，对赠品的各种优越性进行了详细的阐述。在阐述的过程中，也不经意地打击了竞争产品。

销售人员在销售产品时要正确评价产品的功能、价值、质量，掌握分寸，进退有度，任何话说过了头，都会起到相反的作用。推销员只有掌握语言的分寸，才能使表达逼近真实，从而才能使客户产生信任感。语言过于直白会缺乏感染力，过于夸张则容易使客户产生逆反心理，在直白与夸张之间掌握一个度，就是语言的分寸艺术。

要让客户明白产品的特别之处，宜言简意赅，突出重点，而不要长篇大论，言不达意，甚至表错情，说了半天客户还不知道你的产品有什么功效。在突出产品性能时，一是注意加强语气，注意声调；二是注意选择适当词汇，最好是选择有鲜明感的词汇，这样才能很好地辅助产品的销售。

用价格来攻破心理防线

企业在制定价格或调整价格时必须考虑到消费者的心理反应。有时可把价格定得便宜些，而有时可把价格定得贵一些，以适应不同客户的心理需要。

人们的需求是多种多样的，总体上可分为心理需求和生理需求，并且不同的人有不同的需求。著名的心理学和经济学家马斯洛将人的需求归纳为五个层次：一是生理需求，即人们衣食住行和婚配的需求；二是安全需求，即生存安全和职业安全的需求；三是社交需求，即在社会交往中对友谊、对爱情的需求；四是尊重需求，即在社会交往中希望得到人们的尊敬和认可；五是自我实现的需求，即希望自己的价值得到社会认可，希望自己的才华在社会中发挥作用。

心理需求要比生理需求复杂得多，心理需求具有无限性。生理需求的量是有限性的，但是消费者的心理需求却是永无止境的，当一种需求满足后，又会产生新的需求。因此，企业要不断开发新产品去迎合消费者的心理追求，永不停步地去追赶市场、引导市场、超越市场。

消费者的生活习惯、文化程度、收入水平、价值观念、欣赏能力各不相同，会产生不同的甚至截然相反的联想或情感。人们常说百人有百心，百货对百客。消费者的心理需求是随着生产力的发展和人们对生活的渴望及其可能性而具有强烈的时代色彩。因此，企业要千方百计地去了解消费者的需求，并针对不同的需求层次提供不同的商品，制定不同的价格策略。消费者的需求心理各式各样，从影响企业价格决策的心理因素看，主要有以下几种：

自尊心理。有这种心理的消费者，不仅追求商品的使用价值，而且更追求精神方面的某种满足。比如人们送礼品，在礼品上有明码标价时，人们往往宁肯花上 105 元，而不愿花 95 元。买同类商品，虽然只差十元钱，却使人感到是两种不同的档次。又比如有部分消费者往往通过消费来显示自己的身价，提高自己的地位，而一些企业正是利用少数客户的这种心理，采取高价、厚利、少销的策略。

求实心理。这是一般消费者最基本最普通的心理活动。人们在购买商品时，偏重于商品的实际效用和质量，讲究经济实惠，使用方便，经济耐用。

求廉心理。在人们的日常生活中，许多消费者很注重追求商品的价廉物美。许多收入水平低的城乡消费者都持这种消费心理。

时髦心理。在市场上，我们经常看到一部分中青年消费者，对产品的质量、价格等并不在乎，对产品的流行性特别感兴趣。他们追求新潮，追求时髦。

求名心理。许多消费者在购买产品时，特别是购买耐用消费品时，往往非常重视产品的牌子、企业的名称，希望自己买的是名牌产品，是信得过的产品。

求信心理。人们对有些商品的购买非常注重产品的信誉，购买日用消费品往往愿意购买老字号的产品，请客也去老字号餐馆。所谓"一分钱，一分货"的说法就是这种心理的反映。酒好不怕巷子深，是这些老字号的经营心态。

求美心理。艺术趋向和审美观念在市场买卖活动中占有重要的地位。许多消费者购买行为的实施往往取决于商品的欣赏价值和艺术价值，他们在购买商品时，特别注重商品的包装、造型、色彩和艺术美，强调对人的精神陶冶作用。

逆反心理。有的人认为"薄利多销"是市场运作的普遍规律，其实不然。有时消费者往往会产生逆反心理，认为好货不便宜，便宜没好货。因而会从"薄利"引出与"多销"相反的结果。市场常有这种情况，某种商品打出跳楼价格，反而无人问津。一些高档消费品在降价之前，往往要造声势，大力宣传，告诉消费者这是企业的一种促销策略，否则也不会产生新市场，反而影响产品的声望。消费者的心理活动是一种复杂的思维现象，各种心理因素相互影响，相互制约。

消费者心理价格是指消费者在主观上对一种商品给出的价格，或者是消费者在商品价格既定的情况下，对商品的接受程度。比如，在日常生活中，就经常听到消费者这样说，"这东西，顶多值10元"，"那个东西，至少要100元"，这就是消费者主观上对商品价值的判断。在价格既定情况下，消费者对一种商品的接受程度有高低之分。我们把企业的产品在市场上的销售快慢看作是既受商品自身价格的影响，又受消费者爱好的影响。

企业产品的销售状况同消费者的心理价格成正比，同商品自身价格成反比。商品价格和消费者心理价格可以各自独立对商品销售量起作用，商品自身价格也会对消费者心理价格发生影响从而影响商品销售量。例如，对高档消费品来说，如果某牌号的商品价格偏低，或由高降低，消费者很可能会认为是质量出了毛病或质量不好，这样，低价却导致了消费者的心理价格下降；反之，某个牌号的商品，其定价比同类商品高，消费者反而以为这是由于产品质量好的结果，高价促使了消费者的心理价格更多地上升，这样该商品会因高价而走俏。

如何提高产品的消费者心理价格，企业经营者应该注意和运用的主要因素有以下几点：

一般来说，质量越高的商品，消费者的心理价格也越高，质量对使用者心理价格影响的强弱成正比是商品的使用时间的长短。产品无故障使用时间很长，消费者心理价格就很高；如果产品的使用时间很短，消费者的心理价格就很低。质量问题哪怕很小，也会大大降低消费者心理价格。因此企业要提高产品质量，从根本上提高消费者心理价格，就要在消费者中建立起高度的质量信任感。

企业的声望，对于产品的消费者心理价格有着很重要的影响。一家知名度高，深受消费者信任和喜爱的企业，它的产品往往具有很高的"消费者心理价格"。为了提高企业声望，一些具有名牌产品的企业可将自己的牌子和厂名相联系，这样一旦产品牌子响了，企业也出名了。不外乎是企业要生产质量过硬的产品，并通过各种方法和途径向消费者介绍、宣传自己。

企业对消费者提供的服务是多方面、多阶段的。不仅售后服务对"消费者心理价格"有着重要的影响，而且售前和售中服务也有很大的影响。企业在商品走俏时，不能放松自己的售后服务，更不能不兑现自己承诺的服务，否则就是在败坏自己的声望，降低"消费者心理价格"。

价格过低会赶走客户

如果上网，你会经常在论坛里看到这样的帖子：

"上面的鼠标简直太便宜了，大家认为是不是假的，他说如假包换，市场价一百多的，他竟然只要三四十元就行，有点不敢买。"

"我在淘宝网上看到有的东西和大街上店里的东西好像是差不多的，可是价格可要比大街上的店里便宜太多了，想买，可又不放心它的质量啊！质量会有问题吗？"

淘宝网上过低的价格，让消费者小心翼翼地离开，充满戒备。有人说过高的价格会吓走消费者，那么，过低的价格同样会吓走消费者。

如今的某些价格市场可以说是杂乱无章，商家为了打击竞争对手，不惜损失毛利，不断对价格进行调整，价格几乎是天天在变，致使价格失去信誉度，客户无法了解何为货真价实，并常常疑惑价格与商品的巨大差异。失去了信任，也就失去了客户。

合理的促销活动可以达到突出公司的特点、扩大影响力、参与市场竞争的目的，但目前铺天盖地的"惊爆价""特卖价""超值价"令客户目不暇接，无所适从。盲目的降价更是破坏了知名品牌的形象，降低了客户对知名品牌的忠诚度，致使部分稳定客户流失。

促销价格过低时，要进行一定的补充说明，以免客户对商品本身产生怀疑。

商家不断降价会导致老客户有被欺骗感，新客户则会持币观望。

促销频繁出现，尤其是非常强硬的降价促销手段，一般不宜持续沿用，不然就失去了促销的本意，也在很大程度上让消费者感到无助。同样的东西，在时差不大的两个阶段价格迥异，客户内心很难平静。

商家若不断降价促销，客户会对其中不通透的市场黑洞感到惶恐，并对商家的产品失去信赖。这样的道理在消费行为中等待节日促销或者大促销的行为中得以证明。

与价格相关的促销形式其实有很多：打折、返券、返现金（红包）、买赠等。但是大多不会将原有价格完全删改或抹杀。因为价格很敏感：降时容易升时难。国家对价格促销有相关明文规定，尤其是对一些很关键的商品，需甚为谨慎。

"福盈门"品牌食用油是国内某集团旗下的高端品牌，虽然在国内排不上第一名，但凭借集团的雄厚实力和不错的质量，在食用油市场一直也有稳定的表现。郑州市市场是公司的重点市场，进入淡季以来，销售一直不畅。一入6月份，公司经理蔡杰便考虑在大的卖场进行一次统一的促销活动，以便提升销量。经过客户走访，特别是促销主管张丽的极力建议，大家普遍认为福盈门是名牌不错，但美誉度一直比不上第一品牌"年有余"，因此在商超直接面对消费者促销时，关键是真正的让利和实惠，这样的销量肯定会大幅增长。

通过申请和走访市场，活动方案正式形成。

活动时间：6月27~28日，周六、周日两天。

活动地点：郑州市所有大型卖场

活动内容：现场对消费者进行促销，针对销售最好的品种桶装花生油5升进行让利促销。

1. 桶装5升花生油进行特价销售，价格从原来的每桶79.9元优惠到每桶70元；

2. 每购买5升花生油一桶，赠送900毫升花生油一瓶；

3. 现场进行抽奖活动，每购买一桶花生油，均有一次抽奖机会，奖品从手提电脑到900毫升小瓶油不等，中奖率47%。

同期的年有余牌桶装5升花生油价格销售到85元一桶，而福盈门这么大的促销力度，不信没人买！蔡杰似乎看到了人们排着长队在等着购买福盈门，而公司的货已经供不应求的局面出现！

促销主管张丽也非常敬业，早上8：30就早早赶到了平日销售较好的家乐福超市，毕竟这次活动效果怎么样，和自己的建议直接相关。

周六上午，家乐福北环店，9时正式营业后，人员陆陆续续地到来，但是能走到最靠里面福盈门展架的人稀稀疏疏，尽管促销员大声招揽，临时促销员也很尽力地吆喝，但展架前的人一直很少，直到上午10：30，统计了一下，共销售20桶，和往常周六销售15桶相比，几乎没有多大效果。没多久，蔡杰就收到张丽的电话，活动效果不好，不一会儿，其他超市的促销员陆续反馈，原来期望的活动效果并没有出现。

出现这种现象的原因，一方面是没有做前期的宣传，另一方面与让利的程度过大有关，很多消费者怀疑是不是次品或者假货，毕竟这是吃的东西，消费者往往会慎重。所以价格促销时，定价的时候一定不能太离谱。

合理的定价策略可以减少库存，降低人员和广告方面的支出，并使企业利润得以保障，同时也使消费者感到其定价的诚实可信，提高客户的满意度。成功的促销行为不仅仅是销售出产品，同样重要的是要通过销售产品而获得合理的利润。

有奖促销，吊足客户胃口

有奖销售是最富有吸引力的促销手段之一，因为消费者一旦中奖，奖品的价值都很诱人，许多消费者都愿意去尝试这种无风险的有奖购买活动。

它是近年来在商业促销手段中运用最多的销售方式，它以场面热烈、回报率高、惊心刺激、内容丰富、形式多样等被众多商家反复应用。不同时期，用不同的形式、不同消费层次用不同的奖品赠品，针对市场状况，选择合适的促销方法，既宣传了品牌，又扩大了门店知名度；既树立了形象，又增加了收入。

吴小最爱吃方便面，他惊异于这种奇特的干面，不煮就可以吃，那袋里的干粉儿一撒，喷香四溢。他家的橱柜里经常放着一袋袋各种品牌的方便面，但他家境贫寒，孩子上学，老婆生病，使他不敢经常吃这种富人看贱、穷人看贵的食品。

一天，他从报纸上看到一则消息，"飞宇"牌方便面花巨资购买了点子公司的一个高价点子，开展有奖销售活动，广告词是："飞宇方便面，百食都不厌。"每个袋子里装一个字，只要用户凑齐这十个字，就可领取奖品，有电脑、彩电、摩托车、洗衣机和电冰箱等，分七等奖。分别用赤、橙、黄、绿、青、蓝、紫七色体现。

这使吴小很是意外。食用这种方便面，既可满足口福，还可获得意外的收获，可谓一举两得。

他一下买了几十袋，为了取得更多的获奖机会，他跑了几十家商店，每家买了几袋，这样中奖率就高。

有奖销售的消息经各大媒体一炒作，迅速变成一股强大的购买风，很多商店里的飞宇牌方便面都销售一空，批发商门前排起了长龙，许多人因未买到而懊悔不已，纷纷嫉羡吴小这样的捷足先登者。

通过有奖销售，该方便面厂商获得了不错的销量。有奖销售无疑会起到促销的作用，但是必须做到真正有奖，不能与宣传内容脱节，不能有半点虚假，奖品不能选择假冒伪劣的产品。有的专卖店又想造声势，做宣传，又不想多花钱，在选购奖品时，挑选同类产品中最便宜的作为赠品或奖品奖给消费者，当消费者回味过来以后，不但不认可这种促销活动，还会引起消费者的反感，给接下来的销售工作带来很多麻烦，结果弄巧成拙。

还有的商家用假抽奖的办法欺骗消费者，更是商家的大忌。比如在旺季到来之前搞有奖销售活动，广告宣传得内容是"名牌车，高回报，买一赠一大促销"或"红六月，火 XX（XX 是摩托车品牌名），厂商联合献爱心"，"火七月，买 XX（XX 是摩托车品牌名），厂商联合献真情"，凡是在促销月中购买商品的朋友，凭保修卡月底抽奖，一等奖一名，赠摩托车一辆；二等奖两名，赠彩电一台；三等奖六名，赠洗衣机一台；纪念奖若干名，赠摩托车专用头盔一个。到了月底，因对市场摸底不透，购车户很少，或者是宣传不到位等原因，售出的摩托车没几辆，如果按原计划开奖就会损失很大。为了不失信于消费者，就必须如约开奖。为了减少开支，可在奖品上做文章，因为没有明确赠什么型号、多少钱的物品，可以赠迷你小电视、普通洗衣机和头盔，这样可以大大减少开支。但不能采取推脱的措施或耍赖的方法蒙骗消费者。有奖销售的形式很多（可参照有关文章），但不管用任何一种方式促销，都必须真实可靠，承诺了就要兑现，难兑现就不要承诺。不成功的促销会带来很大的负面影响，这种影响在几年内是抹不掉的，失信于消费者，就等于搬起石头砸自己的脚，受损失的是自己。

到位的广告宣传、积极的奖品筹备、店前的奖品展示、店内的促销气氛、店外的广告形式、员工的闲谈话语、亲朋的相互交往、网点的相互沟通都洋溢着有奖销售的神采，都展现着有奖销售的喜悦，方方面面都谈论着宣传内容，这样的有奖销售活动就会成功百分百，挣钱没商量。

有奖销售要有一个热闹的场面，外边宣传得红红火火，店前冷冷落落，店内无人问津，就会造成"消费心理落差"，使客户乘兴而来，扫兴而归，有人问起"你到专卖店看了看摩托车认为怎么样？"客户一定会说："吹得震天响，看的人没有几个，不怎么样。"这种门前冷落车马稀的局面，会使消费者的购买热情一落千丈。为了避免冷场，就要未雨绸缪，事先布置，可采用"横幅条幅一起挂，各种小旗到处插，音箱喇叭天天响，精美礼品随时发"的策略，烘托门店气氛，创造热卖氛围。

用折扣让客户动心

所谓折价促销是指通过降低商品价格，以优待客户的方式促进销售。此种促销方式可以提高消费者对商品的关注程度，在促进销售方面极为有效。它对短期销量的提升具有立竿见影之效，因此也是常被商家运用的促销手段。

价格往往是消费者选择商品时主要考虑的因素。特别是产品同质化比较严重的今天，在品牌形象相差无几，服务手段也无太大区别时，价格影响力因素就显得尤为重要。

折价促销可以说对消费者来说冲击力最大，是最原始、也是最有效的促销武器。因为消费者都希望以尽可能低的价格买到尽可能优质的商品或享受更好的服务。它经常作为短期增长业绩、减少库存、加速资金回笼的手段。但不能长期作为开发客户的手段，只能在短期内增加销量，提高市场占有率。

商家可以根据不同产品库存数量及允许的范围内设计折价促销时间、方式及折扣率。其先期的准备时间和准备工作量也相对其他促销方式要少，并易于先期做成本估算。调整价格或打折促销毕竟是市场竞争中最为简单、最为有效的手段，为了抵制竞争者即将入市的新品，及时利用价格吸引消费者的兴趣，使他们增加购买量和接受你的服务。通过直接折价还能塑造"消费

者能以较低价格就可以买到较高价值的产品"的印象，能够淡化竞争者的广告及促销力度。

折价促销，特别是直接折价，最易引起消费者的注意，能有效促使消费者购买，特别是对于日用消费品来说，价格更是消费者较为敏感的购买因素。折价促销能够吸引已试过的消费者再次购买，以培养和留住既有的消费群。

假如消费者已借用样品赠送、优惠券等形式试用或接受了本产品，或原本就是老客户，此时，产品的折价就像特别为他们馈赠的一样，比较能引起市场效应。

折价促销是超市使用频率最高的促销活动，它通过使用折扣券、商品特卖或者限时折扣的方式，让消费者以低于商品的价格购买商品。折价这种促销方式可提高消费者对零售点商品的关注度，在促进超市的销售方面极为有效，它对短期销量的提升具有立竿见影的效果。

折价的促销效果也是比较明显的，因此常作为企业应对市场突发状况，或是应急解救企业营销困境的手段，如：处理到期的产品，或为了减少库存、加速资金回笼等。为了能完成营销目的，营销经理也常会借助于折价做最后的冲刺，不过，这样做只能在短期内增加产品销量，提高市场占有率。

我们经常会看到超级市场在特定的营业时间内提供优惠商品销售的措施，以达到吸引客户的目的。

北京超市"发超市"连续多年创造了不俗的经营业绩，在同商圈的超市竞争中，始终处于领先的地位。除价格优势外，该超市采取的灵活多变的应季性营销手段产生了良好的效果。2000 年夏天，北京天气异常炎热，到了晚上居民不愿闷在家里，纷纷来到室外消暑纳凉，该超市适时地推出了"夜场购物"，将超市的闭店时间从原来的晚 9 点半延长至 12 点，同时，在这一时段，将一些食品、果菜等生鲜品类打折销售，既为附近居民提供了纳凉的好去处，又低价促销了大量日配商品，很快就赢得了广大消费者的欢迎，也吸引了不少附近商圈的居民来此购物。此举使其在这一商圈的同业竞争者中一举胜出。

超市也经常会发折扣券，客户能在指定时间内到超市购物享受一定的折扣优惠，超市折扣券的使用通常在于扩大影响力。超市通过登门拜访、街头拦送方式将折扣券送到消费者手中。这种方式的优点是折扣券的送达率能够充分保证，而且由于超市在发送折扣券时，对于发送对象是有选择性的，通常是商圈范围内的消费者，因此，使用率也会相应提高。

江苏"好买得"超市以会员为对象，以月为单位展开 DM（快讯商品广告）商品宣传，并把每一期的 DM 商品录入电脑，在每次活动结束后，从电脑中跟踪分析 DM 商品的销售、毛利同比，销售、毛利份额比，会员购买比例、折让比例与销售上升的比例等指标，以此来分析客户的潜在需求、客户对价格的敏感度，检查 DM 商品的组合策略、定价策略，进而为调整 DM 商品组合、促销价格的制定提供决策数据。超市对 DM 商品的价格制定、调整与销售，已带来了回报：公司会员消费比例由原来的 15% 上升到 55.5%，DM 商品的销售占总销售的份额由原来的 4% 上升至现在的 9% 左右，会员价商品的比重由原来的 12% 增加到 72%，总销售额也日攀新高。

　　因为价格往往是消费者选购商品时的主要决定因素之一，特别是在产品同质化高、品牌形象相差无几时，价格的影响力就显得更大。因此，越来越多的厂商用这种方式来进行产品的推广和促销，并且效果显著，立竿见影。

将欲取之，必先予之

中国古语云："将欲取之，必先予之。"这是中国古代兵法中常用的招数，而日本人在现代经商谋略中将这一原则演绎得淋漓尽致。取与予，相反相成，前者是目的，后者是手段。只想得到，不愿给予，这是一厢情愿，做生意也不会赚钱。若要自己受惠，先要施惠于人。有甜头，客户才愿意停留下来慢慢嚼。

日本"佳能"照相机如今是世界名牌产品，但是，当初走进中国改革开放的大市场时，已经慢了半拍，别的牌子的照相机早已挂上了中国摄影记者的脖子。可佳能公司并不因此而止步，他们绝不会望着中国这个巨大的市场而不流口水。怎样占领中国市场呢？他们上演了一出经过精心策划的好戏。

佳能公司经过调查发现，中国众多的摄影工作者、爱好者只能从样本资料上了解佳能 EOS 照相机的性能，从商店的橱窗里看到它的模样，却不能去摸一摸、试一试 EOS 照相机的功能究竟怎样。佳能公司上海事务所为了使 EOS 照相机与中国的消费者熟悉起来，成为"好朋友"，就想出了一招。他们把大批佳能 EOS 照相机借给上海的记者，让他们免费使用 40 天，同时又请维修部的专家讲解它的功用、性能。

1992 年夏天，上海各大报纸和许多摄影记者都用上了"佳能 EOS"照相机。从 EOSl 到 EOSl000，都配有各种款式的镜头。拿起照相机发现，每个上面都贴有一张标签"佳能赞助器材"。记者们使用得相当认真，开始时小心翼翼，后来就随心所欲地拍起来……40 天匆匆而过，记者们送还照相机时都恋恋不舍。

不久，一些记者通知佳能公司上海事务所说他们准备购置一批 EOS 照相机……佳能公司以欲取先予的策略打开了中国的市场之门。

佳能公司非常聪明地先让利给客户，然后获得高额的利润，这一点和星巴克很相似，星巴克通过提供额外的服务和方便，在很大程度上提高了客户的停留时间。

星巴克咖啡的核心客户群年龄是 25~40 岁。经过长期的市场调研，星巴克发现这个核心客户群每人每个月平均来星巴克喝 18 次咖啡。针对这种情况，他们制定了相应的策略目标：一方面是提高客户的上门次数；另一方面想办法让客户每次停留更久，以便吸引他们喝更多的咖啡，提高业绩。

考虑到越来越多的年轻客户会带笔记本电脑来喝咖啡，2002 年 8 月，星巴克推出服务策略，在 1000 家门市提供快速无线上网。客户使用笔记本电脑可以无线上网、收发电子信件等。

所以，商家如果想吸引客户，必须给客户一定的"利"，让他们尝到甜头，才有可能买你的商品。

现在的很多商家都采用薄利多销，让利于客户的定价方法，浙江温州的一些民营、个体厂商，用的是"一分钱利润法"。就是说，只要有 1% 的单价利润，就应感到满意，切忌"贪婪"。事实上，此法充分体现了"价增量减，价跌量增"的道理。一分钱的利润看起来微不足道，但是价跌（价廉）会促使销量大增，从而导致总利润的大大增加。所以有人提出，企业经营管理者应树立"1%"的提价意识。就是说，采用小幅涨价的策略，因为小幅涨价具有极好的"隐蔽性"。例如，将产品价格上浮 1%，许多客户不会在意，特别是对于低价位（单位在几元以内）的产品。当你调高 1% 时，一般客户不会有承受不了的感觉，而你的总利润却大大增加了。只要总利润有 1%～5% 就应感到满意，过分的"贪婪"会适得其反。

经营者在销售商品的同时，"略施小利"，抛小饵钓大鱼，小利对消费者来说是有很大吸引力的，经营者也能大获其利。

一位初涉商海的生意人在市场上考察了很久，最终选定做销售玻璃鱼缸生意先练练手。他认为，现在许多人都喜欢养金鱼，闲暇时修身养性，做鱼缸生意，也许能让自己掘得经商的"第一桶金"。于是，商人从厂家批了 1000 个鱼缸，运到离家不远的县城去卖。

几天过去了，他的鱼缸才卖掉几个，守着大堆做工精细、造型精巧的鱼缸，商人开始琢磨使鱼缸畅销的点子，整整一天，他的思维就像长了翅膀一样，在脑海里飞来飞去，捕捉能给他带来财运的商机。

一夜之间，商人的思维终于在一条妙计上定格。第二天，他去花鸟市场找到一家卖金鱼的摊位，以较低的价格把 500 条金鱼全部买下，然后，他让卖金鱼的老人帮他把金鱼运到城郊的一处大水塘里，将 500 条金鱼全倾倒进清澈见底的水里。老人很是吃惊，认为他在胡闹，并且还怕他不给钱。见老人心存疑虑，商人立即从身上掏出钱一分不少地付给了他。

时间不长，一条消息传遍了水塘周围居住的城郊居民，水塘里发现了大批活泼漂亮的小金鱼。人们争先恐后地涌到水塘边打捞金鱼，捕捉到小金鱼的人，兴高采烈地跑到不远处卖鱼缸的摊位前，选购鱼缸后高兴地捧着小金鱼回家了。一些未捕到金鱼的人们，唯恐鱼缸卖完后买不到，他们不管商人把售价抬了又抬，纷纷涌到商人的摊位前抢购鱼缸。仅半天时间，商人的鱼缸就销售一空。

数着到手的钞票，商人窃喜：1000个鱼缸，让他赚了2000多元。高兴之余商人想，如果不给客户一些甜头，买下那些金鱼放在水塘里，自己能赚到这么多钱吗？

先予人以利，然后自己得利，以及兼顾同行之间的利益，这是先付出后得回报的一种智慧。人世间的事情，有了付出就有回报。付出越多得到的回报越大，不愿付出，只想别人给予自己，那么"得到"的源泉终将枯竭。

价格浮动，先高后低

在激烈竞争的时代，企业不仅要靠技术和资金来取胜，还需要采取高超的市场开发技巧，在商海中抓住商机，使自己游刃有余。

报价时绝对不能担心因为价格报高了可能无法成交，各位要先想到一个问题，就是即使你价格报低了也不见得会成交，但你价格报高了就有调整的空间，而价格报低时你可能因此而失去比赛权。记住：客户是永远不会满足的。

美国商人善于利用价格的悬殊进行推销。他们先是在对方心里安放一个价格很高的心锚，在对方心里设置悬念，再以一个低得多的价格来铲除这个悬念，让对方尝到好处。对方在心里一比较，觉得很实惠，就很容易决定购买了。

美国商人杰德森有一次找到某公司的经理，带着一个正好符合对方利益目标的方案。杰德森说："我们这里有个非常好的方案，它价值50万美元，而我们的转让费是30万美元。"不想那位经理说："遗憾的是，你开价30万美元，你的价格是不合理的。"

杰德森附和着说："您说得很对！这个价是不合理的。"然后，杰德森微笑着走了。

一个星期后杰德森又来拜访："上次向您介绍的那个方案不用说正好满足您

的要求，可是开价 30 万美元，实在太荒唐。为那件事我一直耿耿于怀，我一直想为您做点什么才好。一个星期下来，我寻遍名家高手，终于发现了这个方案，它绝对物超所值 10 倍。如果我能向您提供一个价格仅为 7.5 万美元，而效果又相当于 30 万美元的方案，您是不是觉得是件好事？"

那位经理当时听到价格从 30 万美元降到 7.5 万美元，自然很感兴趣。他怎么能放弃一个以 7.5 万美元的代价获得价值 30 万美元服务的绝好机会呢？当下就签字答应了。杰德森轻易地完成了这笔交易。

这就是典型的"价格悬念推销"。利用商品价格的悬殊差价来诱惑客户购买，是销售的一种技巧。形式可以多种多样，可以故弄玄虚，可以设置悬念，但真正的意图却是帮助客户做出正确的决定，为客户带来好处。

有人认为，用这种方式使人做出错误的判断、错误的决定，是一种低级的、没有道德的推销。任何事情都有两面性，看你是以什么样的方式去做，以什么样的角度去做。这只是一种销售手段，而不是一个骗局。如果你用这种方法去赚取不义之财，那是对自己人格的玷污。

先报出高价，如果客户觉得价格太高，再降低价格。例如客户买一套房子，因为每年客户都要交物业管理费等，总数超过 2000 元。实际上只要签下合约，多少钱都是有赚头的。那么销售代表会假装悄悄跟你说，等会儿我把经理请过来，听说他昨天给一位客户朋友打到 6 折，看看能不能给你争取到，你看行吗？如果客户说行，则陷入了心理暗示圈套。客户就形成了 6 折心理价位，而最后经理往往在 7 折做周旋，最后就落在 6 折附近，这就让客户无法拒绝。

所以在要价时是有技巧的，先高后低，会让客户觉得自己赚了便宜，从而更容易达成交易。开价一定要高于实价，也许你认为这个问题很初级，但真的有许多销售人员是怕报高价的，他们害怕在一开始就吓走客户，而永远失去机会。如果你对报高价心存恐惧，那读读以下的理由：一是在你报价之后，你可以降价，但不能涨价。二是你可能侥幸得到这个价格。三是这将提高你产品或服务的价值（尤其是对不专业的客户）。

除非你很了解你的客户，在无法了解你的客户更多的情况下，开价高一定是最安全的选择。然后根据客户的反应进行调整，才能保证自己的利益。

第四章

效率与安全，客户消费的习惯

　　时间就是金钱，我们不能耽误客户的时间。因此，尽量速战速决，一方面节省了彼此的时间，另一方面也避免了客户思考时间过长而造成的反悔现象；此外，安全也是客户消费时首先需要考虑的内容。客户的这两种心理如果能好好利用，客户成交的概率就会大很多。

提高效率，缩短客户的考虑时间

极强的收款能力也是销售成功的制胜关键之一，否则就会功亏一篑。优秀的业务人员在处理收款问题时，能比普通销售人员更快地收回货款。遇到客户交款推托时（推卸责任，找各种借口或者以拉交情的手段来延迟交款），优秀的业务人员能有办法让客户快速地付钱。

销售是一种以结果论英雄的游戏，销售就是要成交。没有成交，再好的销售过程也只能是纸上谈兵。在销售员的心中，除了成交，别无选择。但是客户总是那么"不够朋友"，经常"卖关子"，销售员唯有解开客户的"心中结"，才能实现成交。在这个过程中方法很重要。

直接成交法是指由销售人员直接邀请成交，例如："我能给您开票吗？"这一直接促成成交的方式简单明了，在某些场合十分有效。当销售人员对客户直率的疑问做出了令客户满意的解说时，直接促成成交就是很恰当的方法。

使用直接成交法的时机要把握好，若客户对零售店的商品有好感，也流露出购买的意向，发出购买信号，可一时又拿不定主意，或不愿主动提出成交的要求，销售人员就可以用直接成交法来促成客户购买。有时候客户对零售店的商品表示兴趣，但思想上还没有意识到成交的问题，这时销售人员在回答了客户的提问，或详细地介绍了商品之后，就可以提出请求，让客户意识到该考虑购买了，即用请求成交法促成客户购买。

使用直接成交法可以快速地促成交易，充分利用了各种成交机会，节省销售的时间，提高工作效率，同时也体现了零售店人员灵活、机动、主动进取的精神。

假定促成交易的方法是指零售店人员在假定客户已经接受了商品价格及其他相关条件，同意购买的基础上，通过提出一些具体的成交问题，直接要求客户购买商品的一种方法。例如："您看，假设用了这套设备以后，你们是不是省了很多电，而且成本有所降低，效率也提高了，不是很好吗？"假定成交的主要优点是可以节省时间，提高销售效率，适当减轻客户的成交压力。

在运用假定成交法时，零售店的销售人员常常避开促成成交的主要问题，从一些枝节问题或后续问题入手。例如向客户提出含蓄的问题，提这类问题也是基于已假定客户基本上做出了购买决定，但尚未明确表示出来。这时可以问："您什么时候需要这种商品？"或"您需要多少？"这些都是促使客户做出购买决定的恰当提问。

提供选择成交法是指销售人员向客户提出一些购买方案，让客户在其中选择。如："您要这种型号还是那种型号？"就像"煎饼您是加两个鸡蛋呢，还是加一个鸡蛋？"还有"我们礼拜三见还是礼拜四见？"这都是选择成交法。销售人员在销售过程中应该看准客户的购买信号，先假定成交，后选择成交，并把选择的范围局限在成交的范围内。选择成交法的要点就是使客户回避要还是不要的问题。

在运用选择成交法时销售人员应该让客户从中做出一种肯定的回答，而不要让客户有拒绝的机会。向客户提出选择时，尽量避免向客户提出太多的方案，最好就是两项，最多不要超过三项，否则就不能达到尽快成交的目的。这种方法可以减轻客户的心理压力，制造良好的成交气氛。从表面上看，选择成交法似乎把成交的主动权交给了客户，而事实上就是让客户在一定的范围内进行选择，可以有效地促成交易。

让步成交法指的是销售人员通过提供优惠的条件促使客户立即购买的一种方法。例如"我们这一段时间有一个促销活动，如果您现在购买我们的商品，我们可以给您提供三年免费维修"。这就叫附加价值，它是价值的一种提升，所以又称之为让步成交法，也就是提供优惠的政策。

保证成交法是指零售店人员直接向客户提出成交保证，使客户立即成交的一种方法。所谓成交保证就是指销售人员对客户允诺担负交易后的某种行为，例如："您放心，这部彩电的售后我来负责。""您放心，您这个服务完全是由我负责，我在公司已经有 3 年的时间了。我们有很多客户，他们都是接受我的服务。"让客户感觉你是直接参与的，这是保证成交法。

当商品的单价过高，客户对此种商品并不是十分了解，对其特性、质量也没有把握，产生心理障碍，成交犹豫不决时，零售店人员应该向客户提出保证，以增强其信心。这种情况是使用保证成交法的最佳时机。这种方法是可以消除客户成交的心理障碍，增强成交信心，同时可以增强说服力和感染力，有利于零售店人员妥善处理有关成交的异议。

在客户的管理中，掌握成交时机，适时促成交易是一项重要的任务，因为只有成交了之后，商家才能有利可赚。方法是技巧，方法是捷径，但使用方法的人必须做到熟能生巧。这就要求销售员在日常推销过程中有意识地利用这些方法，进行现场操练，达到"条件反射"的效果。当客户有异议时，大脑不需要思考，应对方法就出口成章。到那时，在客户的心中才真正是"除了成交，别无选择"！

严守时间，不要让客户多等一分钟

客户每次和公司或品牌接触，他们都会经历一种体验。不幸的是，客户的体验经常会有一些时间花在等待上。如等待服务、等待新产品的推出、等待交易完成、等待服务激活等，这对客户而言是很不愉快的体验。一定要守时，不要让客户等待。不要故意考验客户的耐心，哪怕多一秒的等待，都可能会让很多客户离你而去。

众所周知，如今的人们都很忙。通常情况下，客户会花费他们认为适当的时间去做出决定。所以明智的做法是不要回避这一点，既不要催他们，也不要拖延生意。如果他们认为多花的时间是没有用处的，那就更是如此了。更为糟糕的是他们认为整个过程没有必要，考虑不周而且耗时。

有时候，销售人员需要花多少时间要提前告知客户，有时候则需要通过协商来决定。销售人员必须力图借机陈述计划好的推销辞令，而客户如果想做出明智的决定的话，他们准会接受的，他们也一定会倾听有关产品和服务的关键信息。这里最为关键的是，要尊重客户腾出的时间，然后积极对产品或服务进行介绍，事实上也就是说出你推销时所要说的话，确保在有限的时间内能有最大的收获。

有的时候，环境会使销售工作进展得很顺利。即便不是这样，基本法则不会发生变化，你决不能拿浪费客户的时间去冒险。做出简洁而又有力的产品描述无疑会有助于销售的成功。

守时是一种传统的美德。同时它也是一种有礼貌的行为。人们常说，做到守时"并不需要付出多大代价"。不管是美德，还是礼貌的行为，守时都是很重要的。守时与前面已经表述过的思想如出一辙，即不要浪费客户的时间。如果被告知在上午 10 点或什么时间会面，那你就按要求去做。统筹安排你的事务以便你能按时赴约。这意味着要把所有因素都考虑在内，包括路上要留有足够的时间，以及提前找好你可以停车的地方。不要多费十分钟开车兜圈子，结果没有按时到达，然后用老掉牙的理由埋怨交通状况。或许没人指责你，但此事却事关重大。如果各方面得到平衡，你提供的产品又有价值，或许还有可能掩饰你造成的负面影响。

有一位推销员，他负责为一家拥有大型车队和道路建筑设备的公司推销轮胎。他曾一度对一家准客户紧追不放。多次遭拒绝以后，对方终于答应见面。他们把时间定在上午八点，对方告诉他："准时到达。这是你仅有的一次机会。"他们定的地点意味着他要开三小时的车，这也意味着他得非常早就出发。

事实上，请求对方晚些时候会面，或不管怎样，晚一点到了再说，本该是很容易的事。但他却没有这么做，而是万分感激地答应了下来。第二天天刚破晓就起了床，长途驱车赴约，早餐也是在车上吃的。离约定时间还有十分钟的时候，他就已经坐在了客户的接待区。会谈进展得非常顺利，对方公司下了第一张订单。会谈结束的时候，客户说了这样的话："我必须得向你致歉，让你那么早赶到这里。我知道你一定动身得非常早。不过，在和你打交道以前我得了解你对自己服务的献身精神。下次我请你吃午饭。"

毫不掩饰地说，这是一次考验。如果他抱怨对方提出的会面时间，或者迟到的话，他或许会失去一家重要的定期客户。做到守时，它会比你想象得更有价值。

我们知道商家之间的竞争愈演愈烈，门店都是在想尽办法吸引客户，刺激消费，增加销售，于是便有了价格战、宣传战、服务战。但有时一个不太重视的环节如果处理不好却往往使好不容易取得的成绩化为泡影，那就是每到购物高峰期或节假日时，门店收银台排队的现象。客流量大时收银台的排队现象普遍存在于各家门店当中，让客户等待成为家常便饭。

对于客户来说，进入良好的购物环境，随心所欲地挑选喜爱的商品，憧憬着新商品将带给自己和家人的喜悦，此时的心情可以说是非常愉快的。而当他兴冲冲地手提沉重的购物篮走向收银台，看到的却是长长的等待交款的队伍，有些客户忍受不了这个漫长的过程就把精心挑选的商品丢下，放弃这次购物，而更多的客户则无奈地排着长队，但此时他们的购物愉快指数已经降得很低，取而代之的是焦虑、烦躁，有的甚至会直接或间接地把不满发泄到收银员、其他客户身上从而引起口角。

门店投入精力、物力搞宣传，精心组织商品，营造购物气氛的目的就是激发客户的购物欲望，如果无法使客户愉快地付款，这无疑是失败和令人不愉快的。所以卖场一定要解决让客户等待的问题。

如果实在没有其他的办法，必须让客户稍等的话，要尽量分散客户的注意力，比如一些高层的电梯里面会装有镜子，美国银行在客户等待的时候采取播放新闻等措施来缓解客户的焦急心理。

销售最后阶段的"门把法"

营销人员还会经常碰到一些所谓的狡猾的老狐狸式的客户。你问他产品怎么样？不错。要不要尝试一下？不。有什么问题？没有。是不是觉得我们有什么做得不够的地方？挺好。那有什么建议吗？没有。那我们是不是先尝试下？不。

面对这样的客户我们需要采用门把法，就是如果实在是谈不下来，就收拾包开路，当你一收拾包往外走的时候，客户对你的心理防备就完全解除了，他对你的抗拒性和防备就会降低。这时，你一脚在门外，一脚在门里，向后转，手搭在门把上，然后开始"表演"：深深鞠一个躬，"感谢您，从您这里我学习到了不少的东西，最后有一个小忙请您帮一下可以吗？我公司为了提升对客户的服务品质，要求我们当与一个客户合作不成功时，请客户指出我们的产品或技术或我本人有哪些地方存在不足。所以拜托您能不能指点我们一下，我们可以进行改善。"

这个时候，客户都会告诉你拒绝的原因。明确了原因后，针对那些我们忽略的、可以解决的问题，我们马上就可以重新回到谈判中，有针对性地进行说明，继续销售过程。这就叫起死回生，所以门把法是最后的一招。

门把法经常用在最后反败为胜的环节，以松懈客户武装的心情，进行突击。当客户决定离去，走到店铺的门口时，销售人员可以跑到门口，向客户询问"我能不能请教您一个私人的问题，请您帮我……"。这种询问表现出了客气、诚恳。销售人员可以询问客户没有购买的原因，确定原因在于解释、服务态度、售后服务还是产品质量。运用微笑和沉默的方法询问出真正的原因。

当销售人员真正了解了客户没有购买的原因后，一定要坚持再次向客户解说产品。坚持才能够令客户感动，使客户获得被尊重的感觉。

在最后促成订单的阶段，门市销售人员首先不要害怕被拒绝。在此基础上，恰当地运用促成的技巧，坚持不懈，就一定能够成功地签下订单。门把法是在最后阶段继续坚持起死回生之法。

交易完成，不妨来个"法兰克结束法"

当客户坚持一定不购买时，再度的降价不是好方法，会让客户怀疑你的商品有问题。让客户看到商品的很多优点和极少缺点，以视觉化的方式让客户放心。法兰克结束法，通过视觉化的比较刺激客户的购买欲望。

法兰克结束方式是指销售人员通过优点与缺点直接明确的视觉化的方式达成最终成交的一种技巧。当客户难以决定，需要再考虑或者询问他人意见，而销售人员的一再启发并没有在现场解决问题，这时销售人员应该做出什么样的处理？

销售人员可以这样说："我们公司的老总在遇到难以决定的问题时，都是用这种方式来解决的，我们花一分钟来试试看……"然后用法兰克的方式指出优缺点，促使客户购买。

销售人员可以准备一张白纸，在中间画一条线，左侧列出购买产品的优点，右侧列出购买产品的缺点。然后，销售人员和客户共同完成该表格，这是法兰克结束法的具体应用。在优缺点的视觉化对比之下，很容易证明购买的正确性。此外，经验证明，人眼对于左侧具有视觉重力，会更多地投放注意力在纸张的左侧。在法兰克结束法中，强调老总的方法可以有效地避免客户对方法的不信任，充分表明销售人员对客户的尊重。

而不能采用下面的两种方法。

沉不住气一直催：

"很划算！很划算！"

"1000 元怎么样，那 800 元呢？700 元总可以了吧！"

上例中，销售人员沉不住气，一直以很划算来催客户的方式错在给予客户很大的压力，很容易引发客户的恐惧感。

销售人员一再降价也是一种错误的促成方式。当销售人员为了达成订单的签订而不断地在价格方面满足客户时，并不会使客户满足，相反会引起客户对于价格的怀疑，产生无穷的想象空间。降价不仅会使客户怀疑产品的价格空间，此外更糟糕的是，客户还会怀疑产品的质量。

免费试用，让客户先"尝"后买

免费试用、派送小试用品，让消费者感受或使用。通过客户亲身使用，他们对产品有了最真实和最全面的体验，自然也就会对自己的购买决定非常自信并会很快停止对其他产品的信息收集与评估，从而很快产生购买决定。

促销策略中样品的含义包括赠送小包装的新产品和现场品尝两种。许多企业在推出新产品的时候愿意以向消费者赠送小包装的产品为手段来推广产品和刺激购买，如果是食品，则干脆拿到商店里请客户直接品尝。P&G公司（宝洁）曾在北京大量赠送"潘婷"洗发液的样品，以加强消费者对这种产品的认识。

单纯地派发宣传单就希望有愿者上钩，在时下的市场营销中恐怕不会有太大作用了。派样作为派发模式发展的新元素，逐渐成为结合宣传单的最好方式，从洗发水开始，到饼干、糖果、饮料，只要能够做成试用品的产品都尝试过派样了。至今派样还是全球范围内被认为最有效、最流行的宣传方式。

海飞丝在广州街头派发瓶装洗发水，是中国最著名的、也是第一个派发整支产品的行动。正是这种气魄，在当年成为传诵的话题，迅速打开了海飞丝消费市场，并奠定了它去头屑产品的霸主地位。即使后来派样已成为洗发水行业不可缺少的一种宣传手段，但派发整支产品的行动似乎并没有谁再模仿，可见宝洁公司的大胆、敢为人先。

同样，奇宝饼干在广州新上市时，选择了《泰坦尼克号》上映期在各电影院入场处向每人派发两袋饼干的活动。电影本已是大热门，奇宝饼干竟敢如此大派产品，不仅在大电影院派，小放映厅也不放过，只要是放映《泰坦克尼号》的地方，就有奇宝饼干派送，而且是每人两袋。口碑和形象立即崛起，再因为它是第一个做成便利装饼干可随身携带，口味也非常好，脆而不干，于是电影过后，人们品尝完毕，即刻到超市选购奇宝饼干。此后的日子常常在公车上见到很多年轻人撕开奇宝饼干包装袋，津津有味地嚼着，办公室里的下午茶或早晨点心也成为奇宝饼干的世界。没有投入产品广告，奇宝就如此奇迹般撕开了市场，这样的消费热潮持续了几年之久，直到其他的竞争对手跟上。后来有许多饼干选在写字楼派送一片装或两片装试用品，也有许多糖果类产品开始在电影院向情侣们派送两粒装赠品，但都没有那么强烈的吸引力了。要知道，国外商店里的糖果摊开来随便试吃，就是要你吃到不好意思，愿意花钱去买。

力保健也是一个派送整支产品的品牌，它没有特别选择派送地点。海飞丝选了一条商业街，奇宝饼干选了电影院和最热门的电影，力保健则是最平常的自由街派，在全城主要马路上由派样小姐向路人派送，但它的成功在于同样选择了派发整支产品，并且加上一个"买一赠一"的促销内容。见到宣传单里包着那么一支大大的产品，你甚至会疑惑是不是属于你的，派样小姐再告诉你凭单可以到"7·11"便利店以5元的价格买到两支力保健时，你根本不会扔掉这张宣传单了，无论如何也要先尝一尝，尝过之后发现味道不错更会拿着传单喜滋滋地享受5折的购买优惠，这样的馈赠谁不心动？力保健的产品口碑也是不错的，许多学生都表示开夜车时喝力保健最能消除疲劳，它是真正能补充能量的保健饮料，所以虽然5元一小支，相对于其他饮料来说真不够大众的，但它可以占据在大都市的商场里，保持固有的消费群，也自有它的道理。

选择派发整支产品，首先第一印象会让消费者感动，然后产品在很长一段时间内都直接和消费者接触，足以延续记忆，加深印象，当消费者对产品的感觉越来越好时，忠诚度便培养出来了。不过，这种方式一定是建立在对本身产品有足够信心的基础上，如果人们试用你的产品发现一般，差异化不够明显，产品形象或利益点不够突出，虽然你投入了很多，恐怕收获也会很小。

考虑派样的宣传手法时，一定要计划好多少量才能触动消费者的神经，所谓有"舍"才有"得"。客户通过样品的试用，如果满意就会购买商家的产品，这不失为一个体验营销的好方法。

亲身体验，使客户彻底放心

谈到娱乐圈炒得沸沸扬扬的电影《哈利·波特与魔法石》（简称《哈》），相信大多数中国人还记忆犹新，从《哈》剧引人入胜的故事中走出来，我们不难看出：其实这正是精明的商家们将"体验营销"的全新概念，在恰当的时机成功地用来满足人们对一些虚幻梦化的"情景体验"的需求，使人们在超现实的纯真精神境界中产生共鸣，在沟通和互动中不自觉地沉浸于作品的情景中，从而产生美妙的印象，使心理得到极大的满足。

购买服装时，如果一家服装店不能让客户试穿的话，有很多客户就会马上离开；购买品牌电脑时如果消费者不能亲自试试性能，感觉一下质量，大多数消费者就会对其质量表示怀疑；购买手机时如果销售人员不太愿意让客户试验效果，客户马上就会扬长而去……分析一下这些现象背后的原理，我们会发现消费者在购买很多产品的时候，如果有"体验"的场景和气氛，那么对消费者的购买决策就能产生很大的影响。

所谓眼见为实，耳听为虚，在终端的导购上即使导购人员再如何说得天花乱坠，不如让客户亲自体验一下更有说服力。在导购的同时，可以利用某种手段，把导购的内容在产品上直观地量化出来。如：某家纺品牌，为了证明其面料质量的可信，特意在床上放置个一放大镜，让消费者通过放大镜来观察面料的细密，从而取信于消费者。

尽量把产品按实际使用方式陈列在展厅里，请消费者亲自触摸使用到产品，感受其真正的使用效果，以身临其境的方式体验产品的优越性。

不管运用何种方法，其目的就是要通过视觉、触觉等感觉器官对消费者进行全面的刺激，恰如其分地把产品展示出来，使品牌核心诉求得到更加突出的表现，让消费者对产品有更加全面的认知，使其从内心深处感知品牌的独特之处。

从这点可以看出，体验式营销方式非常的重要。以客户体验为价值诉求的美国星巴克就是例子。美国星巴克咖啡馆所渲染的氛围是一种崇尚知识、尊重人性的文化。气氛的感染、客户的体验才是星巴克制胜的法宝，世界各地每个城市的星巴克咖啡，陈设不见得一样，建筑形式也各不相同，但都传达的是一种轻松、温馨的氛围，提供的是雅致的聚会场所、创新的咖啡饮用方式和过程，从而把星巴克咖啡变成了一种情感经历，将普通人变为咖啡鉴赏家，使这些人认为3美元一杯咖啡的高价合情合理。几乎没有做任何广告，星巴克就成为世界的知名品牌，其利润约等于该行业平均利润的5倍。星巴克真正的价值所在，就是"体验"。

长久以来，传统营销把消费者看成理智购买决策者，事实上，很多人的购买行为是感性的，他们对消费行为很大程度上受感性支配，他们并非非常理性地分析、评价、最后决定购买，而是也会存在幻想，有对感情、欢乐等心理方面的追求，特定的环境下，也会有冲动。正如伯恩德·H.施密特所指出的那样："体验式营销人员应该明白，客户同时受感性和理性的支配。也就是说，客户因理智和因为一时冲动而做出购买的几率是一样的。"

企业只提供场景和必要的产品或服务，让客户亲自体验消费过程的每一个细节。只有通过亲自尝试，客户才会放心地购买。

　　有时候，尽管客户认可销售人员的商品，也认可商品的价格和价值，但是真正购买又是另外一回事。这时，销售人员就要及时地冲淡客户购买商品的恐惧感。销售人员可以利用购买的机会、产品的质量等多方面因素，来消除客户购买商品的恐惧感，有效地转化为不购买的恐惧感。让客户亲自体验产品是很好的消除恐惧的方式。

绿色营销，以绿色为主题

树立绿色营销观念，开发绿色产品，开拓绿色市场，已成为当代世纪企业营销发展的新趋势，也给企业发展创造了新的机遇。绿色营销观要求企业在营销中，要以可持续发展为目标，注重经济与生态的协同发展，注重可再生资源的开发利用，减少资源浪费，防止环境污染。绿色营销强调消费者利益、企业利益、社会利益和生态环境利益等四者利益的统一，在传统的社会营销观念强调消费者利益、企业利益与社会利益三者有机结合的基础上，进一步强调生态环境利益，将生态环境利益的保证看作是前三者利益持久地得以保证的关键所在。

西方发达国家对于绿色产品的需求非常广泛，而发展中国家由于资金和消费导向上和消费质量等原因，还无法真正实现对所有消费需求的绿化。以我国为例，目前只能对部分食品、家电产品、通信产品等推行部分绿色消费；而发达国家已经通过各种途径和手段，包括立法等，来推行和实现全部产品的绿色消费。从而培养了极为广泛的市场需求基础，为绿色营销活动的开展打下了坚实的根基。以绿色食品为例，英国、德国绿色食品的需求完全不能自给，英国每年要进口该食品消费总量的80%，德国则高达98%。这表明，绿色产品的市场潜力非常巨大，市场需求非常广泛。

在当今世界500强的企业中实施"绿色营销"战略的企业不在少数。如GE顺应时代潮流，捕捉到了"绿色营销"的机会。2005年，GE在伊梅尔特执掌后推出了著名的"绿色创想"的营销战略，传达其管理和利用地球上稀缺资源的理念。

备受关注的零售商沃尔玛公司则号称要"以绿色来拯救地球"。沃尔玛在2005年就公布了它的环保期望值：在未来3年内将沃尔玛分布在全球的所有营运车辆的行驶效率提高25%，10年内提高50%，以此减少汽车能源浪费；同时，采取措施降低沃尔玛全球连锁店的电能耗用，并计划在未来10年内在原来基础上节约30%；另外，沃尔玛已经成了世界上最大的有机牛奶供应商和有机棉花购买商，并还在积极地与供应商筹措怎样减少商品包装。沃尔玛也许并没将保护生态环境仅仅停留在口头上，到目前为止，它已在可持续发展项目中投资5000多万美元。

全球著名的工程机械和发动机制造商卡特彼勒公司始终致力于为客户提供适当的解决方案，开发更清洁、更绿色的产品，以减少排放，提高能源和燃料的利用率，降低对环境的影响，使企业达到可持续性发展目标。2005年，可持续性发展成为卡特彼勒公司的"战略性改进领域"，整个组织深化对可持续发展的理解。

国内某大型柴油发动机企业A公司（以下简称A公司），面对发动机行业激烈的竞争环境和绿色环保的大趋势，在发动机行业倡导"绿色动力"战略。A公司技术进步和产品创新的步伐，早在2005年就开始启动了发动机"欧Ⅲ"排放项目，使全系列发动机产品能达标欧Ⅲ，部分产品达标"欧Ⅳ"的技术成果，2007年，遂先在业内推出"欧Ⅴ"排放的发动机。科研创新成果的广泛应用不断提高着A公司产品的品质，也为A公司产品的市场拓展提供了强有力的支撑，

A公司成了发动机行业"绿色动力"的代名词，取得了很大的市场份额。

绿色产品成本比较高，在为绿色产品定价时，要考虑的因素主要有：目标消费者对绿色产品的需求状况、目标消费者的素质、企业和消费者的沟通情况以及企业在消费者心目中的绿色形象等，最为关键的是一定要充分考虑到消费者对"绿色"的支付能力和支付意愿。经有关调查显示，消费者一般情况下不愿意为了环保而花更多的钱，但是在相同质量的前提下，消费者会更多地倾向选择绿色环保产品。

如A公司的"欧Ⅲ"以上排放标准的发动机，在制定价格时就充分考虑到这个因素，因为并不是排放越低的发动机，消费者就会越愿意花高价购买。

因此，绿色产品在制定价格时，不宜过高，应考虑消费者的购买能力和购买意愿，以及竞争的因素、销售量和销售利润相结合的因素，制定一个让消费者能接受的价格，细水长流，必将为企业带来更强的竞争力。

当然，随着人们收入的上涨，绿色环保意识的加强，人们对绿色产品愿意花更多钱的意识会提高。从这个角度来看，企业通过对绿色产品的定位、绿色产品的质量、绿色产品的促销以及企业绿色形象的塑造，在消费者心目中建立独特的绿色形象价值至关重要。

贬低对手其实就是贬低自己

在现代商务活动中，为了突出自己而贬低别人，是很多销售人员习惯采用的方式，例如某某公司的产品价格贵、某某公司的产品质量有问题、某某公司的规模不如我们大、某某公司的售后服务很差劲等，这些都是攻击性的语言。

人们往往有一种认识上的误区，认为贬低别人就能抬高自己，其实不然。背后贬低别人体现了自我素质的低下。在销售人员攻击竞争对手的时候，客户心中反而会产生疑问："真的吗？人家真的不行吗？如果他不对你造成威胁，你为什么要攻击他？是不是你害怕人家的产品比你好，我倒要看看你所攻击的产品到底怎么样。"结果适得其反，贬低竞争对手反而激起客户对自己的怀疑，对竞争产品的好奇。此外，一般来说，人们都不喜欢跟攻击性太强的人在一起。

攻击别人没有好处，即使对方主动挑衅，也不要去攻击对方，只有站稳自己的脚跟，做好自己的事，才是明智之举。在产品方面推陈出新，做到人无我有，不要跟在竞争对手后面，更不要去模仿对方，即便客户指定要你生产竞争对手的样式，也不要去生产，否则会让客户觉得你其实就是一个模仿秀。

在纽约有一位知名的大律师，还有一位不出名的小律师。小律师常常写文章投到报纸上骂大律师，第一次，大律师不理他；第二次，大律师还是不理他……次数多了，大律师发火了，于是也写文章回骂那位小律师。结果正中小律师的下怀，如果小律师不够分量，大律师为什么要骂他；如果他不够优秀，大律师又怎么会在乎他，所以这件事证明他是有能力的，于是小律师的身价暴涨，而大律师的形象受到很大的影响。

互相攻击的恶性竞争只能导致两败俱伤，发挥自己的优势才是最重要的。

小王和小李都在追求小蕊，两人条件相当，棋逢对手。为了胜过竞争对手，小王总是在小蕊面前挑小李的毛病，说小李人傻傻的，反应慢；而小李也不甘示弱，逮着机会就向小蕊抨击小王，说小王懒惰得很，袜子一个多月都不洗。

可是，最后谁也没有追到小蕊，因为小蕊心中有数，看到两个人互相攻击，觉得两个人的品格都不怎么样，所以同时拒绝了两个人。

市场的经营需要大家共同维持，就像大家坐在一条船上，批评就好像在船上凿一个洞，小批评凿小洞，大批评凿大洞，刚刚出现一两个小洞的时候，大家还感觉不到，随着洞越来越多，越来越大，这条船就沉了，船上的人一个也逃不了。

做销售，我们力求"知己知彼，百战不殆"，所以不可能不去了解竞争对手的一些长处和短处，不至于当客户问到竞争对手情况时一问三不知，同时肯定也都会像"王婆卖瓜，自卖自夸"，不会说自己的产品不好的。因此当客户拿竞争对手来跟我们作比较的时候，有的时候还真是苦恼，很多销售人员不是对他们的产品不了解，而是怕有意或无意之中贬低或诋毁、抨击了竞争对手，给某些客户留下了不良的印象。因为有些客户，可能他比较好这一口，喜欢你给他点分析和比较，因他还不懂这个行业，如果你说到竞争对手时，不去揭人家的短，反而还觉得你心虚、底气不足、不如人家；而有些客户，你说了同行的坏话，尤其当他遭遇到同行之间相互攻击的话，他搞不清楚谁是谁非，他会觉得你也不可信，心里同时也产生一定的抵触情绪。

贬低同行是不可取的，有的时候我们好像觉得同行之间竞争，贬低竞争对手是常见之事，没什么要紧的，殊不知客户不是这样想的，其实"王婆卖瓜，自卖自夸"，王婆只是说自己的瓜甜，没说李婆的瓜苦！你可以多方位展示你产品的优点，但不要靠贬低别人来抬高自己，因为每个人都有自己的评判标准。有一个传说故事：

有一天，苏东坡和佛印大师在一条船上喝酒，苏东坡想耍佛印和尚，于是就问佛印和尚："你说我在你眼里是什么样的一个形象？"

佛印说："你在我眼里是一个鲜花环绕的佛陀！"

苏东坡说："你知道你在我眼里是一个什么形象吗？"

佛印微笑不语。

苏东坡说："你在我眼里是一坨臭得要命的屎！哈哈！"

佛印依旧微笑不语。

苏东坡大笑着回家了并且告诉了他的妹妹苏小妹（民间传说故事人物），

苏小妹笑了："你知道吗？佛印和尚因为自己是佛，所以他看你是佛，你自己是一坨臭得要命的屎，所以你看他才是一坨臭得要命的屎啊！"

所以你一定要切记，在贬低同行的时候，其实就是在贬低你自己。

投诉机制给客户吃一颗"定心丸"

随着全球贸易一体化进程的加快，当今国际市场上国与国之间、地区与地区之间、企业与企业之间的竞争愈演愈烈。竞争的焦点集中在产品和服务质量上。在社会发展过程中，没有任何一个国家的政府、任何一个社会组织、任何一家企业能把所有的事情做得尽善尽美，把产品做得完美无缺，碧玉无瑕。因此，任何政府机关、任何社会组织、任何企业都可能面临着它所服务的对象或它所提供的产品购买者的抱怨或投诉。只有建立投诉机制，才能让客户消费得放心。

客户进行投诉是希望能跟你继续做生意，同时其对卖场服务不满信息的反馈无疑也给卖场提供了一次认识自身服务缺陷和提高服务质量的机会。于情于理，我们都要真诚地对客户表示感谢。所以可以写一封感谢信感谢客户所反映的问题，并就公司为防止以后类似事件的发生所做出的努力和改进的办法向客户说明，真诚地欢迎客户再次光临。

为表示慎重的态度，常以企业总经理或部门负责人的名义寄出，并加盖企业公章。当客户是通过消费者保护机构提出投诉时，就更需要谨慎处理了。原因在于零售企业回函的内容，很可能成为这类机构处理中的一个案例，或作为新闻机构获取消息的来源。

商场在处理各种客户投诉时，要掌握两大原则：一是客户至上，永远把客户的利益放在第一位；二是迅速补救，确定把客户的每次抱怨看作商场发现弱点、改善管理的机会。只有这样才能重新获得客户的信赖，提高商场的业绩。当然，即使我们能够教授员工清空客户不满的技巧，我们也有必要认识到使客户烦恼的共同原因。一旦我们做到了这些，就能够持续地培训我们的员工来使他们回答和处理好这些问题，接着我们就能采用解决问题的具体方法，来看是否能够在长期内根除问题。

商家要设立投诉电话，所有投诉内容及处理过程和处理意见都有详细记录。任何一位员工接到投诉后（无论是电话、信函或直接投诉，无论对他人或对自己的投诉），都应立即担当起"第一负责人"处理客户投诉的责任。记录客户投诉内容和时间，填写"客户投诉登记表"，并填写本人对此事的处理意见和方法。

同时，分清责任性质和责任人，了解客户的实际困难和愿望。如果投诉本体验中心的工作人员或是本人的服务态度，针对具体情况，能当时解决的就当时向客户解释，直到客户满意为止，并将处理结果填写在登记表中；如不能当时解决的，则留下客户的详细资料，并告诉客户会在 48 小时内给予答复。

如果客户投诉的是产品质量问题，应认真做好记录，包括购买时间、地点及使用情况，损坏部位及客户的期望结果，并对客户说："您放心，我们会立即反映此事。"不要强调原因或理由，按照《消费者权益保护法》执行。找出令客户满意的解决方法及时处理，最后向客户主动道歉。

服务中心接到客户投诉后，首先调查原因，如果属于工作人员责任，立即通报责任人。有关责任人接到服务中心的投诉通报后，应尽快直接与客户联系，向客户道歉，并做出合理的解释。

服务人员在处理客户的投诉时，一定要诚心诚意地和客户沟通意见，多采取恰当的询问方式，不要怕花时间，争取了解客户的真正意愿。

　　赵先生买了一台便携式电脑，到家后却发现这台电脑的外壳出风口处有一处划痕。赵先生非常气愤，带着电脑找到了那家商店。根据规定，赵先生有三种选择：1. 退货；2. 换一台新的；3. 由商店免费修理。赵先生想要第一种选择，然而，出于面子的考虑，赵先生没有直截了当地提出要退货，而是反复强调不再信任这种品牌的电脑，买回去也不放心。由于赵先生没有陈述自己的真实要求，促销员又坚持免费修理，最后双方形成僵局。

　　这个案例中，促销员没有了解客户真正的意愿。其实，促销员如果能听出赵先生反复强调的那句话的弦外之音，按其愿望给予退货，事情很快就能得到解决。

第五章 方便与舒适，为客户考虑

　　做业务成功的关键就是让客户买东西时要感觉到方便和舒适，让客户感觉到商家为客户考虑得真周到。读懂客户求"方便"和"舒适"的心理，成交的胜算就多了几分。

客户最想要的是方便的成交

当收银员打价打到一箱饮料时，询问王女士是否带有同样的单瓶饮料，否则就得拆开饮料的纸箱取一单瓶打价。王女士心想，刚才购买时，促销员再三强调"买三赠一"，为何不提醒她带一单瓶！因为已经很累，虽然饮料要送礼，但她还是让收银员打开了纸箱，所幸收银员用透明胶带又将纸箱给封住，倒也看不出"破绽"。

付完款后，王女士索要饮料赠品时，却被告知要拿着购物小票到西出口处领取。王女士无奈只有将购来的两大塑料袋物品与饮料存在服务台，拿着购物小票到西出口领赠品。再次回到东出口时，近二十分钟时间又过去了。正欲离开时，王女士又遇到麻烦了，由于购物太多，超市又没有装饮料箱的特大号塑料袋，王女士一次还无法将物品带走，只有将饮料箱挪几步，再回去将两只大塑料袋提几步，如此往返，终于将买来的物品挪到了马路旁。坐上出租车，王女士深深地叹了一口气："这购物怎么这么累，这钱怎么花得这么不开心？"

这样的商家就很容易失去客户。

满足客户对方便的需求要做的文章有很多。比如，商品布局要考虑到客户购物的方便，而目前百货店大多是从商家自身的角度考虑，因此，出现了许多大百货店把化妆品、黄金首饰装点门面的商品放在一楼经营，而把该放在距离商场出口近的地方经营的商品却放在较高的楼层。

商家把化妆品、黄金首饰放在一楼主要是考虑到店面的视觉形象，整洁漂亮。但是，化妆品、黄金不是客户随机购买的商品，而是选择性非常强的商品，而且要求选购时的环境要雅静。商家把化妆品、黄金放在一楼，客流非常多，熙熙攘攘，商家的形象好看了，而客户的购物环境却变得恶化了，商家不知不觉中损失了一部分客流。即使把化妆品放在距离商场出口最远的楼层，由于客户选购化妆品的目标性非常强，而且携带非常方便，所以客户是不会吝惜多走几步路的。

同理，大家电对客户来讲也是选择性、目标性非常强的商品，放在距出口远一点都没关系，客户选购时，是不害怕多上几级楼梯的。有部分商场把大家电放在一层或距出口近的地方，主要是考虑到自己提运商品方便，而不是考虑客户方便。买大家电商品，目前是不需要客户搬动的，因此，自己多搬动一些是为了从整体上方便客户。

作为大商场，经营的品类比较多，考虑到方便客户，应把那些客户随机购买的商品，以及体积和重量稍大的商品，摆放在一层或距出口近的地方，因为这些商品一般都是客户随身带走，不需要商家提供送货上门服务的，如日常的生活用品等。如果把化妆品、黄金、家电放在一楼经营，其他客户随机购买且体重较大的商品就不能放在一楼或距离出口近的地方经营，这样从整体上讲，客户购物就不方便了。

客户对方便的需求还有一个重要的方面，就是怕来回多跑冤枉路。目前，许多商家在客户交款方面对客户的考虑欠妥，让客户交款跑来跑去的，要等很长时间，信用卡消费有的得等半个小时，支票更麻烦，统一到一个部门去交，客户像走迷宫一样，好不容易找到了交支票处，得到的答复是得等3天或5天以后取货。客户等着急用商品，又不能提货，若退货吧，不仅客户白费了半天劲儿，既得罪了客户，商家也损失了销售；若不退货，客户无奈之下还得跑第二趟。这何谈方便客户？

商家也许会说，这是制度，这是出于资金安全的考虑，银行就这个运转机制。金融部门的事商家管不了，但商家可以考虑解决这一问题，也许有那么极少数的人利用支票诈骗，但相信绝大多数客户都是诚实的，商家不能仅仅为了自身资金的安全，而"惩罚"99%诚实的客户。其实解决资金安全问题也并非难事，即使有困难，也应想办法解决，即使解决不了，如此"惩罚"客户也不妥。有人会说，一个大型商店每年的支票诈骗有几十万元乃至上百万元，这只是绝对数，而相对数也不过是千分之一不到。这比起决策失误、管理漏洞造成的损失实在是小巫见大巫。

当然，要满足客户对方便的需求有很多，商品布局和交款只是比较大的方面。小的方面，如临时休闲椅，让走累的客户可以临时坐下来休息一下。但要注意休闲椅不宜多，因为商店不是旅店。另外可以有对待现场临时的病发者及时的抢救措施等。其实满足客户对方便的需求就是满足人的天性——"懒惰"的需求，这里要做的文章很多。这也正是为什么在中国混合业态比单一的超市业态和百货店业态要具有生命力的原因，因为混合业态能满足客户对方便的需求，客户购物时一次性购足了衣食住行的全部商品。

客户一般喜欢到那些能够轻松停车的购物场所购物。无论是汽车停车场还是自行车停车场都是影响客户去留的关键。据统计，一个汽车停车位一年可以带来10万元的销售额。在停车场内，一般左转进入比右转进入更适合人们的习惯，在入口处需有明确的标志，场内宽敞明亮，没有垃圾、积水，如遇购物高峰期还必须有专人调度。当然，卖场专用停车场必须都是免费的。

入口的设置同样相当关键，不但要方便临街正门行人的进入，还要考虑开车的客户是否方便进入、骑自行车的客户是否方便进入，通过各种途径到来的客户，无论哪类客户如果需要绕着弯子，哪怕是多走几步路，只怕第二次就很难看见他的光临了。其次，有的卖场需要上若干级台阶或下几级台阶才能到店内，这都是客户不愿意支付的体力成本，好卖场是绝对杜绝的。另外，入口必须宽敞明亮、干净整洁、充满朝气和活力。如果条件允许，还要为客户提供诸如雨伞筐、擦鞋器、方便袋等必备器具。

一个好的卖场首先在建筑结构上应相当合理，便于客户进入。其次，店门需要宽大透明，让客户在外面就能浏览到店内的商品；同时，在一般情况下店门都需打开，如果因为冬季或需要开放空调等原因，至少也应换成自动玻璃门或轻盈隔温的透明帘子。除此之外，你还应检查你的地板是否过于光滑、商品是否会堵塞入口、纸箱是否乱堆乱放等包括视觉、听觉、嗅觉、审美等多方面的不妥！这些细节常常会给客户留下深刻的第一印象，是至关重要的。

客户对卖场的外观是否接受决定客户是否会走进店内，当踏进店内第一步后，安全感是决定客户购物心情的关键所在，只有在客户认为一切都是自由时才会安心地选购商品。安全感来自于三个方面：

能否从店中安全地出来；如果卖场设置比较阴暗、死角多，在店内人少的时候会感到特别不安全，如遇销售人员冷不防在远处射来窥视的目光（防止客户偷盗商品），更会让客户恐惧顿生。因此在店内设置上要考虑到客户的心理因素，尽量减少阴暗面。

个人预算标准就是决定客户是否购买的关键因素，如果商品价格过高或是不标价，仅凭销售人员说价，会给客户一种担心被"宰"的不安全感。为了打消因为预算和价格之间的矛盾，要明确地标出价格，在销售过程中再略低于标价出售，更能吸引客户。

如果客户没有购物，销售员用异样的目光看着客户离开，保证这个客户很难光临第二次。销售人员要有极度亲和力，客户只要进店就会得到最好的礼遇，才能争取更多的销售额和回头客。

便携——时代的选择

随着科技的进步和移动办公观念的普及，许多产品已经开发出小巧玲珑的便携式产品。便携式产品可流动使用，既方便了使用、保管、运输，又提高了设备使用率。

比如，在大家旅游时，很喜欢携带方便的纪念品。

旅游商品包装设计就应考虑旅游商品的"旅游"二字，长途跋涉，转车转船转飞机行程紧张，所以，旅游商品必须体现"小、轻、快、灵"四个字，易于携带易于保管。前不久，家住北京的钱先生一家去上海旅游，儿子在去东方明珠电视塔玩儿时，买了一个东方明珠电视塔的模型作纪念品准备带回幼儿园给老师和小朋友们看，可还没等他们踏上返回北京的飞机，这件旅游纪念品就已经"缺胳膊断腿"了，弄得孩子非常不开心。据调查，旅游购物消费52%的人指出，旅游商品包装差，不便携带、馈赠和收藏。包装其中一个功能就是携带方便，这在旅游中尤为重要。游客在游览的同时要买一些随手可带的小商品或作纪念或备后用，此时旅游商品的包装设计就要设身处地地从消费者的使用角度去考虑。

现在市场竞争激烈，许多商品畅销的主要原因就是方便携带，同时使用起来更容易、更方便。一些笨重的、不方便使用的商品往往会在旅途中扫了游客的兴致，即便人们再喜欢也会考虑途中的困难而望而却步。因此，包装设计关注细节，为消费者考虑到细处看起来是方便了消费者，其实它是在为商品销售创造机会点的同时也传达了商品包装对人性及生存环境的深度关怀，这种无声的关注更是体现了一种深层的文化内涵。法国依云矿泉水为开发旅游用品，在1999年重新进行了包装设计，依据是很多消费者希望产品能在走路时方便携带又有时尚的外观。新包装在瓶子中间有一个手纹凹陷，方便携带，顶部的拉环与一支吸管相连，方便饮用。这种设计打破了大多瓶装水的设计，把瓶口放在瓶子顶端的一侧。该设计被认为是第一次从消费者的角度去考虑，既实用又美观的创意体现了设计深层的人文内涵。该包装上市后广受欢迎，被认为是外出旅游的贴身伴侣。包装不仅体现了一种深层的人文内涵，而且对建立消费者品牌偏好度和忠诚度有潜移默化的作用。

便携式产品是技术融合、发展的必然产物，便携式是我们消费电子娱乐产品的必然发展趋势，处于移动状态的终端会越来越多，在市场竞争非常激烈的同时，新的技术方案也不断涌现，引发新一轮个人便携多媒体终端及相关配套市场发展的浪潮。笔记本电脑的诞生是因为其便携性的特点，而最初由于价格昂贵只是高级商旅人士的专用品。而随着成本的下降，规模效应的出现，笔记本开始走入平常百姓家庭。

以笔记本电脑为例，随着手机、UMPC等更加便携产品的普及，而且它们的智能性已经可以满足最简单的办公需求，年轻的商务人士越来越感觉到普通笔记本电脑的体积太大，重量太重，他们渴望性能比手机和UMPC更强，体积比普通笔记本电脑更小、价格适中的笔记本产品。

于是，我们看到了夹在普通笔记本和UMPC等便携式设备之间的一个崭新的需求，那就是"便携式笔记本"。便携式笔记本电脑的使用人群大多应该是经常走动的人，而在走动的过程中他们要使用电脑办公，因此很明显，这部分特定人群应该是年轻的商旅人士。

各大品牌纷纷推出自己的便携式笔记本电脑来满足这一市场需求，但是定位各不相同，比如，HP Mini 是针对"Youngprofes-sional"一族推出的，这部分人群包括 Soho 一族、设计师、文体明星或者是往来于各种会议的商务人士。HP Mini 满足了这些人群对娱乐、商务安全和移动的三重需求。该定位也正迎合了便携式笔记本电脑的用户群需求。

移动办公的人越来越多，对便携式产品的需求也会越来越大，有效地满足这个需求市场，就意味着厂商抢先占据了一片蓝海。

个性化服务，迎合客户需求

客户虽然都有着共性的需求，但每位客户的需求是有差异的，这个差异就是个性化需求。客户之所以有个性化需求，是因为客户有年龄、性别、身份、知识素养、工作的忙闲、身体健康状况等许许多多的不同所致。因此，应满足客户个性化的需求，其实服务的最佳境界就是满足客户的个性化需求。当所有客户的个性化需求被满足了，客户自然也就满意了，服务工作也就真正做到家了。比如，有行动不便的老人或残疾人购物，可以提供电话购物，大小商品都送货上门服务；对工作繁忙的无暇购物者，除开辟电话购物外也可进行网上购物，在约定的时间送货上门；对与众不同的客户可开展定做特体衣服鞋帽等穿用商品服务；大百货店可为客户提供行李车，可提供母子购物用车；可提供礼仪送货上门服务等。总之，客户有什么个性需求，只要是合理合法的，都应尽量满足。

在纽约一家饭店里，一位挑剔的女客户正对服务员说："我要热苹果派，不要把冰淇淋放在上面，要单独放在里边。另外我还要一份草莓冰淇淋，不要生炒的。如果没有，我要现做的罐奶油……"

就像美国消费者协会主席艾拉马塔沙所说："我们现在正从过去大众化的消费进入个性化消费时代，大众化消费的时代即将结束。"现在的消费者可以大胆地、随心所欲地下指令，以获取特殊的、与众不同的服务。哪怕部分消费者总体上倾向于和大众保持同质化的产品或服务消费，但也期望在送货、付款、功能和售后服务等方面，供货方能满足其特别的需求。

出现个性化消费，一是由于人们消费水平的不断提高，价值观念日益个性化，进而要求产品的"文化色彩"或"情感色彩"浓厚，能体现主人独特的素养。二是产品越来越丰富，供大于求，消费者可以在众多的同类产品中随意挑选。所有这些，都向营销者提出了新要求，企业要生存和发展，就要具备个性化的营销能力。

传统的目标市场营销能满足不同消费群体的不同需要，但它主要着重同一消费群体对某一商品属性的共同要求，而不是每个消费者与众不同的特殊要求。这就决定了它对个性化需求的满足是不充分的。

现代市场营销观念，就是"客户至上"，"客户永远是正确的"，"爱你的客户而非产品"的思想。而个性化营销是满足以客户个性化需求为目的的活动，要求一切从客户需要出发，通过设立"客户库"，与库中每一位客户建立良好关系，开展差异性服务。

在竞争日益激烈的市场上，谁的产品最能满足客户需要，谁就能最终赢得市场。而个性化营销是客户根据自己的个性需求自行设计、改进出来的产品，是客户最满意的产品，如海尔提出了"您来设计我来实现"的新口号，由消费者向海尔提出自己对家电产品的需求模式，包括性能、款式、色彩、大小等，产品更具适应性，更有竞争力，也就牢牢占据了市场霸主地位。

在传统的目标市场营销中，消费者所需的商品只能从现有商品中选购，消费者的需要可能得到满足，也可能得不到满足，这时消费者只能选择与自己的理想产品最接近的商品将就一下。而在个性化营销中，消费者选购商品时完全以"自我"为中心，现有商品不能满足需求，则可向企业提出具体要求，企业也能满足这一要求，让消费者买到自己的理想产品。如上海有一家"组合式"鞋店，货架上陈列着7种鞋跟，9种鞋底，鞋面的颜色以黑白为主，搭配的颜色有50多种，款式有近百种，客户可挑选出最喜欢的各个部位，然后交给店员组合，前店后坊，只需等上十几分钟，一双符合客户个性的新鞋便可到手，让客户很满意。

如果和消费者保持长期的互动关系，企业能及时了解市场需求的变化，有针对性地生产，不会造成产品积压，缩短了再生产周期，降低了流通费用。另外，个性化产品使产品需求价格增加了弹性，售价提高从而提高单位产品的利润，企业经济效益自然凸显。

企业可以进行"一对一"生产。先让消费者设计出产品构图或模型，然后厂家照葫芦画瓢地把产品加工出来。消费者自己动手做，如厂家把零部件卖给消费者，同时附上组装说明书，消费者买了这些零部件后，自己动手组装成最终产品。这种方式之所以可行，是基于人们对"自己的劳动成果"的特殊感情和动手过程中享受到的乐趣，适用于劳动强度小、较悠闲有情趣的产品。厂家设计的产品，花色、品种、款式、型号尽可能多，供消费者在这个范围内自己选择，找出最适合自己的一个。

客户的需求是多种多样的，只有满足客户不同的需求，企业才能取得长远的发展，才能在激烈的竞争中占据一席之地。

优质的售后，客户最信赖

把客户变成忠诚客户并不容易，优质的售后服务是企业取得消费者信赖的最直接途径。售后服务是一个系统工程，须用完善的售后服务体系加以保证，要使消费者从购得产品之刻起直到产品消费完毕，包括送货上门、安装到位、人员培训、维修保养、事故处理、零配件供应以及产品退换等每一个环节都处于满意状态。

例如，海尔的星级服务，不仅在上门安装、回访、维修等各个环节有严格的制度与质量标准，还细致到上门服务时，事先套上一副鞋套，安装空调时先把沙发、家具用布蒙上，自带矿泉水，临走把地打扫干净等。目前，海尔在全国各大城市都设有"9999"售后服务热线，用户只需一个电话，剩下的事全由海尔来做，这些措施，使消费者对海尔的忠诚度达到了顶峰。

台湾一位雄踞世界企业家之林的亿万富翁王永庆，他的资产近26亿美元，但他创业时只是一家小小的米店。那时电话还不普及，买米一定要上街，有时到煮饭时才发现没米了，很不方便。可是多数米店的老板往往坐等客户上门，生意非常惨淡。

王永庆看到这种情况便想到一个办法，每等哪个客户上门买米时，他就问："您住在哪里，我把米送到您家里好吗？"面对这种服务态度，客户当然乐意。

王永庆送米的时候，总会掏出随身携带的笔记本，详细地记下这家人的米缸容量，然后对客户说："您能不能告诉我一些简单的资料，像您家里有几口人，一天用米量大概多少？"这些对客户来说并非难事，他们便欣然地告诉了他。王永庆就根据这些资料计算出这家客户的用米量，以便在客户吃完米的前两三天把米送到客户家中。就这样，王永庆的米店客户越来越多，生意越做越大，不久，他又开了一家碾米厂，挣得了万贯家产。

在生意场上，经营者如果能像王永庆那样为客户着想，真正把客户当作上帝，其生意必然红火。

把客户视为"上帝"，无非是想赢得更多的客户群。要做到这一点，除了你的产品的价值和质量等因素外，提供超值服务也很重要。提供超值服务的方法有多种，如产品实行三包、送货上门、终身保修等。由于你坚持提供超值服务，就可以将产品的价格定得稍高一些（实际上，可认为是超值服务的附加费）。

尽管各种非价格竞争活动已经大大发展，但价格竞争仍是现代企业市场竞争的一个焦点。无论是绝对的价格竞争，还是相对的价格竞争，都是现代企业及其市场销售人员争夺客户的一种主要手段和方式。

要使客户回头，就应该给客户一些甜头。优惠老客户的方式很多，例如，给老客户发放各种购买优惠证、优惠卡，对持优惠卡的老客户实行不同比例的折扣优待。还可以经常为老客户提供一些优质低价的新产品，免费为老客户送货上门，免费为老客户提供一些与本产品无关的其他各种服务。

客户反正总是要买东西的，不买你的，就买他的。但总要比较比较，货比三家是从前的事了，而今也许要比上几十家。比来比去，免不了要比一比价格，买的要放心，也要合算。因此，在价格上你不能玩花招，客户的眼睛是雪亮的，你骗他一回，他记你一生。那种"屠刀高悬，进门便宰"的"君再来"酒店，有谁愿意再来呢？

在价格公平的前提下，谁能提供更好的服务，消费者肯定就会选择谁的。因此，送货上门是非常必要的。企业的使命就在于服务社会，说到底，就是服务客户。客户是企业之本，是推销之本，是市场之王，也是财富之源。没有客户之本，也就没有企业之花。从大营销理论上讲，学生是学校的客户，读者是作者、编者、出版发行者的客户，病员是医院的客户，选民是总统竞选人的客户，如此等等。没有客户，也就没有企业和市场，也就没有收入和利润。

一对一销售，一对一沟通

一对一销售服务是指销售人员通过与每一位客户进行一对一沟通，明确把握每一位客户的需求，有针对性地为其提供专门的个性化服务，以求最大限度地满足购买者的需求。

在一对一销售服务中，销售管理是以客户为中心开展的，对企业的每一位客户都必须设定直接的管理者。由于客户的人数众多，每一位客户管理者往往要同时管理许多客户。所以，每位客户管理者都应设立自己的"客户库"，并与"客户库"中的每一位客户建立良好关系，以求最大限度地提高每位客户的生涯价值，提高企业的客户占有率。

在客户管理的组织结构中，虽然也有产品管理，但其作用已经不再是将产品卖给尽可能多的客户，而是针对每一位客户的生涯价值，开发、提供客户需要的特定产品，从而支援客户管理者。进行一对一销售服务，必须追踪每一位客户并分别与之进行沟通。进入 20 世纪 90 年代，信息与网络技术的高速发展为企业与客户一对一沟通提供了越来越多的选择手段。

商家要依靠内容与情感吸引客户，要不断推出新创意，提供有用的内容吸引客户上门，同时充分利用电子邮件来维持与客户的情感交流，增强其对产品和企业的信任。

海尔的经营理念叫作"真情到永远"，在这种经营理念的指导下，海尔人创造出一种一定要设法让客户满足的企业文化。举例来说，客户提出这样的问题：

"这里气候潮湿，有没有可以强劲除湿的空调？"

"登高擦拭不便，有没有可以升降的空调？"

"气候炎热，有没有耐高温、可以长期长时间保持运转的空调？"

对于这些问题，海尔的回答一律是：

"有！我们很快为您设计制造！"

"行！也可以自己设计，我们帮助您生产。"

从海尔的案例中可以看出，没有解决不了的问题，自然就不会引起客户的抱怨。有能力就没有压力，想服务就不会觉得它是困难，服务者的心态和理念是很重要的。

还有一个例子，夏天是的洗衣机销售的淡季。这是为什么呢？经过市场调研发现，不是夏天人们不洗衣服，而是因为夏天衣服都比较短、薄、少，而且更换频繁。假如使用普通型的洗衣机去洗夏天的衣服，费水、费电，成本加大。所以人们倾向于把衣服集中起来洗涤，或者不使用洗衣机。

经过调研以后，海尔研发出一种新产品，小小神童洗衣机。采用水位三挡调节，1.5公斤型的，一件衬衫也照洗，小孩子也可以使用这款洗衣机自己洗衣服。这种产品1996年上市之后，开发了12代，5年销量超过200万台。因此，产品设计主要是以满足客户为第一优先考虑，以服务导向来思考产品的设计。

另外，在四川有的客户投诉洗衣机常常出故障。海尔技术人员去查看以后，发现海尔的洗衣机品质没问题，是四川的消费者使用不当：他们没有衣服洗的时候，用洗衣机来洗土豆。这种情形一般的商家会说，我们没有错，是你们使用不当，所以我们不会赔偿。但海尔不是这样，他们开始研发设计，如何开发新型的洗衣机，既能够洗土豆，又能洗衣服。这就是海尔的服务，对这种服务的理念只能用两个字来评价："可贵！"他们对于客户服务满意度的追求有着可贵的执着。

在如今酒店供大于求、竞争日益激烈的情况下，为了吸引、留住客户，酒店服务越来越讲究精细化、人性化。因此，在酒店中，一对一服务应用得比较广泛。它强调酒店员工有针对性地为单个客户提供服务。一对一服务如今已被一些酒店广泛运用并取得了良好的服务效果。

但是一对一服务不是某一固定的服务员服务某一固定的客户。事实上，酒店的每一个员工都代表着酒店的整体形象，都可以成为酒店常客的"一对一服务"人员。特别是在当某一个酒店常客来到酒店，而为其提供固定服务的服务人员不能为其提供服务时，酒店其他员工应能够熟识客情，顺利为其提供相应服务，使客户的问题得到满意的答复。

把舒适送到心里，想客户之所想

所谓众口难调，虽然客户的需求各种各样，但作为客户都有一个共同的购物心理，只要我们懂得了这个道理，就可预先考虑客户需要什么。比如，客户在烫发后，我们还可以问客户是不是需要做一个营养焗油。

为客户服务不仅要为客户解决问题，而且还要带给客户快乐的心情，带给客户美妙的感觉。

每个客户的能力都是有缺陷的，何为客户能力缺陷？比如，客户买大件商品，如冰箱，仅靠客户自身的能力搬运起来就非常费劲。因为，一般客户没有能力搬运，包括没有运货汽车，搬不上楼，甚至没有能力卸掉外包装。若找车辆、找司机，再找一两个人搬运到楼上的家里，不仅不少花钱，而且非常麻烦，还搭上了人情。因此送货上门自然也就成为商家争夺客户的重要手段。蓝岛在这方面做得比较突出，率先在京城提出实施无远近送货上门，不仅送货到家，而且还要到位。即把冰箱不仅送到家里，也送到了客户要放置的位置。

客户的能力缺陷不仅是指力量上的缺陷，还有专业技术技能的缺陷。随着社会的发展，商品的知识含量和科技含量越来越高，客户不可能都是专家能手，对所购置的商品可能不会使用，甚至使用不当，造成一定的损失。此时，作为商家就应当针对客户专业技能上的缺陷及时提供相应的服务，解决客户的烦忧。

想客户之所想，把舒适送到客户心里，服务不是唱出来的，应是做出来的，让客户切实感受到的。因此，套用一句歌词就是，"说到不如做到，要做就做最好"。真正把服务附加到商品上，使客户购买到商品的同时，也买到了服务，即使商品的价格不低，也要客户切切实实感受到物有所值，物超所值，达到增强商品竞争优势的目的。

目前，许多大商场，在服务附加上，大多是说到做不到，承诺得多，兑现得少。然而，承诺把客户的心理预期吊了起来，因此，客户在心理预期得不到满足的情况下，就会认为商家是在搞欺骗宣传，商家的形象将大打折扣。其实，商家的主观愿望是好的，没有欺骗客户的意思。

事实上，许多人在服务时，并不了解客户的需要和期望，不了解客户迫切需要的是什么样的服务，结果往往不是很好。就如一对夫妻相处时，妻子需要的是丈夫的关心、呵护、疼爱有加，但丈夫并不理解而只给她买钻戒和鲜花，实际上不管买多少礼物给她，都替代不了心灵的关怀。

因此，把握市场需求，想客户之所想，才能在激烈的竞争中占有一席之地。北辰购物中心对客户的研究表明，"一次购齐，一次观赏齐"是大多数消费者所需要的。为了有效地满足这种需要，北辰购物中心确定了很有特色的商品组合。他们把商品分为两个大类，即生活必需品和差异品。生活必需品主要包括超市中的食品、日用百货、部分文化用品、家用小电器等；差异品主要包括服装、工艺品、家居用品之类。

为满足消费者对必需品一次购齐的要求，有关商品部就得在有限的面积内，既要尽可能地摆足旺销的品种，又要照顾到需求量不大但总有人需要的连带品种。因为没有连带品种就会影响到客户对商店的印象，影响客流量，从而影响到旺销品种的销售。

为了满足消费者对差异品一次观赏齐的要求，他们对消费者看重的品牌商品，在类别、品种、品牌和价位的组合上采取措施，给消费者以充分比较选择的余地；对于以流行时尚为主要特征的差异品，他们组货时则以面料、时尚、质量为选择标准。

更为重要的是，各商品部有权随时根据客户需求调整品种组合。比如，食品部了解到北京人爱吃炸酱面，但北京本地产的酱太咸，就选择购进天津产的口味比较淡的酱和甜面酱销售；医药部从记录客户需要而本部未能提供的药品入手，发现客户对保健品的需求与媒体广告同步，就及时调整保健品品种以满足客户的需求；文化部在手机经营中，发现客户需要较多的品牌比较，就在一家经销商的基础上，又引进了一家经销商，增加了更多的品牌，从而使销售额增长了数倍。

现在是一个快节奏、高效率的时代，时间很宝贵。因此，我们在为客户服务的时候，首先要考虑如何节省客户的时间，为客户提供便利快捷的服务。所以，设身处地为客户着想，以客户的观点来看待商品的陈列、商品采购、商品种类、各项服务等，才会让客户感到方便满意。

总之，要把最大的舒适送给客户，客户才会给我们以肯定，才会让我们的生意更好做。

不要过度热情，让客户自己做选择

大家一定有这种经历，有时候我们在专卖店或商场购物时，会碰到一些过分热情的导购，他们老远就会和我们打招呼，当我们走近属于他们的专柜时，他们更是尾随而至，寸步不离，并且喋喋不休地开始介绍他们的产品如何如何。作为客户来说喜欢有一种宽松自由的购物环境慢慢去观赏和挑选，店家或导购这样不分青红皂白的介绍反而会让客户感到一种无形的压力而趁早"逃之夭夭"。所以服务人员切记"不要过分热情"。

在服务工作中，常常发生这种情况，尽管服务员满腔热情地为客人提供服务，但客人有时不仅不领情，反而流露出厌烦或不满的情绪。

是客人不通情达理吗？当然不是。这里有一个很重要的原因，那就是服务员没能充分了解客人的需求，实行零干扰服务。

所谓零干扰服务，就是指在客人不需要的时候感受不到，需要的时候招之即来的服务。在服务业中，机械的规范服务并不能换取客人百分之百的满意，这是因为服务需求的随意性很大，尽管服务员已尽心尽责，但客人会因其情绪、个人癖好、意外情况、即时需求等原因提出服务规范以外的各种要求。

这说明，标准化的规范是死的，而人的需求是活的。服务必须满足客人形形色色的需求，才能上一个新台阶。

就客人的需求而言，"无需求"本身也是一种需求，客人的各种各样的需求中当然也包括"无需求"这种需求。因此，充分了解客人的这种"无需求"，有针对性地提供无干扰服务，对于提高服务质量具有十分重要的意义。

过分热情往往会让人讨厌，新来的促销员小李非常积极，客户赵大爷一进来他就赶紧迎上去，热情地问："您需要些什么？"

赵大爷说："我随便看看。"

小李说："那我帮您介绍吧。"

赵大爷看他这种架势，说"不用了"，说完急忙地走了。

这种现象在我们身边随处可见，在酒店中也经常有这样的现象。

五月初的一天中午，李强陪一位外宾来到某酒店。他们找了个比较僻静的座位，刚入座，一位女服务员便热情地为他们服务。

菜刚点完，服务员就开始铺餐巾，摆碗碟、酒杯，然后给他们斟满茶水，递上湿巾。看着服务员忙前忙后，李强没能和外宾说上一句话。

当一大盆"西湖牛肉羹"端上来后，她先为两人报了汤名，接着为他们盛汤，盛了一碗又一碗。一开始，外宾以为这是吃中餐的规矩，但当李强告诉他用餐随客人自愿后，正当服务员要为他盛第三碗汤时被外宾谢绝了。

这位女服务员满脸微笑，眼疾手快，一刻也不闲着：上菜后即刻报菜名；见客人杯子空了马上添茶斟酒，见碟里的骨刺、皮壳多了随即就换，见湿巾用过后立即换新的，见碗里米饭没了赶紧添上……她站在两人旁边忙上忙下，并时不时用一两句英语礼貌地询问他们还有何需要。这让李强有些不高兴，原本想在餐桌上商议的几件事也都被服务员的"热情服务"打乱了。

吃了一会儿，外宾把刀叉放下，从衣服口袋里拿出一盒香烟，抽出一支拿在手上，略显无奈地对李强说："这里的服务真是太热情了，让人觉得有点……"可这位女服务员似乎并没有察觉到外宾的不悦，她见外宾手里拿着香烟，忙跑到服务台拿了个打火机，走到外宾跟前说："先生，请您抽烟。"说着，熟练地打着火，为他点烟。

"喔……好！好！好！"外宾忙把烟叼在嘴里迎上去点烟，样子有些无奈。

服务员给外宾点了烟后又用公筷给李强和外宾碗里夹菜。外宾见状，忙熄灭香烟，用手止住她说："谢谢，还是让我自己来吧。"听到此话，她却说："不用客气，这是我们应该做的。"说着就往他碗里夹菜。李强和外宾相视一下，笑着摇了摇头。李强压在心中的火气，都不知该如何表达。

见服务员实在太热情，外宾都有点透不过气来了。李强只得对外宾说："我们还是赶快吃吧，这里的服务热情得有点过度，让人受不了。"听到此话，外宾很高兴地说："好吧！"

于是，他们匆匆吃了几口，便结账离开了这家酒店，结束了这次压抑的"用餐苦旅"。

其实客户的无需求本身也是一种需求，那么，如何才能把握客人的这种需求，适时地提供零干扰服务呢？

首先，服务员要留心观察客人当时的体态表情。这位服务员并未留心观察客人用餐时的体态表情，在外宾脸上已流露出不悦时，仍然热情地为其提供服务。殊不知，这种热情过度的服务反而易造成客人拘谨和压抑的感觉。

其次，服务员要注意分析客人的交谈言语或自言自语。客人的自言自语能够反映出客人的需求趋向。外宾已略显无奈地对李强说："这里的服务真是太热情了，有点让人觉得……"服务员站在旁边服务，听到此交谈话语后，就应该领会客人的意思，站在远处为他们服务。然而这位女服务员不但没领悟，还继续热情地为客人服务，从而进一步引起客人的厌烦情绪。

再次，服务员要注意客人所处的场所。一般来讲，选择安静角落就餐的客人，希望服务员站得远一些，尽量少打扰他们。李强和外宾一开始就在一个比较僻静的地方坐下，本来就不希望别人打扰。女服务员在向李强和外宾提供服务时，没有注意到客人就餐的场所，一味地按酒店规范提供服务，结果适得其反。

妙语连珠，了解客户的内心需求

在销售过程中根据客人不同行为和语言反应运用不同的沟通手段，巧妙发问，把握消费者心理。在小品《卖拐》里面，赵本山对范伟心理把握的技巧令人叫绝。首先以"拐卖"的叫喊声引起范伟的注意，然后以"恐吓"引发范伟的深入关注，以"猜出来历"引起范伟的浓厚兴趣，环环相扣，恰到好处，充分掌握了范伟的心理。

赵本山：就这病发现就晚期！（恐吓引发其关注）

范　伟：你怎么回事你啊？大过年的说点好听的！怎么回事儿？

赵本山：别激动，看出点问题来，哎呀，说你也不信——（欲擒故纵）

范　伟：我信不信你得说出来哪，怎么回事儿啊？

赵本山：先不说病情，我知道你是干啥的！（转移话题，吊起范伟浓厚的兴趣，为下文做铺垫）

范　伟：咳咳，还知道我是干啥的，我是干啥的？

赵本山：你是大老板——（试探）

范　伟：啥？

赵本山：那是不可能的。（灵活转移）

赵本山：在饭店工作。

高秀敏： 你咋知道他是在饭店呢？

赵本山： 身上一股葱花味——是不是饭店的？（观察细节）

范　伟： 那——你说我是饭店干啥的？

赵本山： 厨师！

范　伟： 咦？

赵本山： 是不？

高秀敏： 哎呀，你咋知道他是厨师呢？

赵本山： 脑袋大，脖子粗，不是大款就是伙夫！——是不？是厨师不？

那些闲逛走进门店的客人心理阶段和范伟也是一样，从随意地观察浏览，到对一件漂亮的衣服引起注意，到引发联想——自己穿上是如何的漂亮，再到试穿体验阶段，然后对比评价衣服的价值是否划算，一直到最后是否决定购买等，都是客人的各个心理阶段。这个过程中，要注意巧妙地发问，来洞悉客户的需求。

通过询问客户来达到探寻客户需求的真正目的，这是营销人员最基本的销售技巧，在询问客户时，问题面要采用由宽到窄的方式逐渐进行深度探寻。如："王经理，您能不能介绍一下贵公司今年总体的商品销售趋势和情况？""贵公司在哪些方面有重点需求？""贵公司对 XX 产品的需求情况，您能介绍一下吗？"

适时地采用扩大询问法，可以让客户自由地发挥，让他多说，让我们知道更多的东西，而采用限定询问法，则让客户始终不远离会谈的主题，限定客户回答问题的方向，在询问客户时，营销人员经常会犯的毛病就是"封闭话题"。如："王经理，贵公司的产品需求计划是如何报审的呢？"这就是一个扩大式的询问法；如："王经理，像我们提交的一些供货计划，是需要通过您的审批后才能在下面的部门去落实吗？"这是一个典型的限定询问法；而营销人员千万不要采用封闭话题式的询问法，来代替客户作答，以造成对话的中止，如："王经理，你们每个月销售 XX 产品大概是六万元，对吧？"

通过直接性提问去发现客户的需求与要求时，往往发现客户会产生抗拒而不是坦诚相告。所以，提问一定要以有技巧、巧妙、不伤害客户感情为原则。药店营业员可以提出几个经过精心选择的问题有礼貌地询问客户，再加上有技巧地介绍药品和对客户进行赞美，以引导客户充分表达他们自身的真实想法。

所以在提问时，不要单方面一味询问。缺乏经验的营业员常常犯一个错误，就是过多地询问客户一些不太重要的问题或是接连不断地提问题，使客户有种"被调查"的不良感觉，从而对营业员产生反感而不肯说实话。

同时要将询问与商品提示交替进行。因为"商品提示"和"询问"如同自行车上的两个轮子，共同推动着销售工作，营业员可以运用这种方式一点一点地往下探寻，就肯定能掌握客户的真正需求。营业员可以从比较简单的问题着手，如"请问，您买这个是给谁用的？"或"您想买瓶装的还是盒装的？"然后通过客户的表情和回答来观察判断是否需要再有选择地提一些深入的问题，就像上面的举例一样，逐渐地从一般性讨论缩小到购买核心，问到较敏感的问题时营业员可以稍微移开视线并轻松自如地观察客户的表现与反应。

也可以通过向客户推荐一两件商品，观看客户的反应，就可以了解客户的愿望了。例如，一位客户正在仔细观看消炎药，如果客户只是简单地应酬了一句，那么药店营业员可以采用下面的方法试探这位客户："这种消炎药很有效。"客户："我不知道是不是这一种，医生给我开的药，但已用光了，我又忘掉是哪一种了。""您好好想一想，然后再告诉我，您也可以去问一下我们这里的坐堂医师。""哦，我想起来了，是这一种。"

就这样，药店营业员一句试探性的话，就达成了一笔交易。仍以客户所看的消炎药为话题，而是采用一般性的问话，如："您要买什么？"客户："没什么，我先随便看看。"药店营业员："假如您需要的话，可以随时叫我。"药店营业员没有得到任何关于客户购买需要的线索。所以，药店营业员一定要仔细观察客户的举动，再加上适当的询问和推荐，就会较快地把握客户的需要了。

所以，询问的方法很重要，如果方法不对就会直接导致销售的失败。

面对抱怨，笑脸相迎

客户始终正确，这是个非常重要的观念，有了这种观念，就会有平和的心态来处理客户的抱怨。应该认识到，有抱怨和不满的客户是对企业仍有期望的客户，对于客户抱怨行为应该给予肯定、鼓励和感谢，并且尽可能地满足客户的要求。客户与企业的沟通中，因为存在沟通的障碍而产生误解，即便如此，也决不能与客户进行争辩，那样的话会失去客户与生意。

当客户投诉或抱怨时，不要忽略任何一个问题，因为每个问题都可能有一些深层次的原因。客户抱怨不仅可以增进企业与客户之间的沟通，而且可以诊断企业内部经营与管理所存在的问题，利用客户的投诉与抱怨来发现企业需要改进的领域。

比如，一个客户在某商场购物，对于他购买的产品基本满意，但是他发现了一个小问题，提出来替换，但是售货员不太礼貌地拒绝了他，这时他开始抱怨，投诉产品质量。但是事实上，他的抱怨中，更多的是售货员服务态度问题，而不是产品质量问题。

对于客户的抱怨应该及时正确地处理，拖延时间，只会使客户的抱怨变得越来越强烈，客户感到自己没有受到足够的重视。例如，客户抱怨产品质量不好，企业通过调查研究，发现主要原因在于客户的使用不当，这时应及时地通知客户维修产品，告诉客户正确的使用方法，而不能简单地认为与企业无关，不予理眯，虽然企业没有责任，但这样也会失去客户。如果经过调查，发现产品确实存在问题，应该给予赔偿，就要尽快告诉客户处理的结果。

对于客户的抱怨与解决情况，要做好记录，并且应定期总结。在处理客户抱怨中发现问题，对产品质量问题，应该及时通知生产方；对服务态度与技巧问题，应该向管理部门提出，加强教育与培训。处理完客户的抱怨之后，应与客户积极沟通，了解客户对于企业处理的态度和看法，增加客户对企业的忠诚度。

企业员工在处理客户的抱怨时，除了依据客户处理的一般程序之外，要注意与客户的沟通，改善与客户的关系。对于客户的抱怨要有平常心态，客户抱怨时常常都带有情绪或者比较冲动，作为企业的员工应该体谅客户的心情，以平常心对待客户的过激行为，不要把个人的情绪变化带到抱怨的处理之中。

俗话说"伸手不打笑脸人"，员工真诚的微笑能化解客户的坏情绪，满怀怨气的客户在面对如春风般温暖的微笑中会不自觉地减少怨气，与企业友好合作，达到双方满意的结果。

在处理客户的抱怨时，应站在客户的立场思考问题，假设自己遭遇客户的情形，将会怎么样做呢？这样能体会到客户的真正感受，找到有效的方法来解决问题。大部分情况下，抱怨的客户需要忠实的听众，喋喋不休的解释只会使客户的情绪更差。面对客户的抱怨，员工应掌握好聆听的技巧，从客户的抱怨中找出客户抱怨的真正原因以及客户对于抱怨期望的结果。

聆听客户抱怨时，积极运用非语言的沟通，促进对客户的了解。比如，注意用眼神关注客户，使他感觉到受到重视；在他讲述的过程中，不时点头，表示肯定与支持。

这些都鼓励客户表达自己真实的意愿，并且让客户感到自己受到了重视。当不是自己的过错时，人们不愿意道歉。为使客户的情绪更加平静，即使客户是错的，但道歉总是对的，一定要为客户情绪上受的伤害表示歉意。客户不完全是对的，但客户就是客户，他永远都是第一位的。

一定要发自内心地向客户表示歉意，不能口是心非、皮笑肉不笑，否则就会让客户觉得是心不在焉地敷衍，自己被玩弄。当然，也不能一味地使用道歉的字眼儿来搪塞。

当道歉时，最大的诱惑之一就是说"我很抱歉，但是……"，这个"但是"否定了前面说过的话，使道歉的效果大打折扣。差错的原因通常与内部管理有关，客户并不想知晓。最经典的例子是，当一家餐厅说"我很抱歉，但是我们太忙了"，这样往往只会被人认为是在推卸责任。

要为情形道歉，而不是去责备谁。即使在问题的归属上还不是很明确，需要进一步认定责任承担者时，也要首先向客户表示歉意。但要注意，不要让客户误以为公司（卖场）已完全承认是自己的错误，我们只是为情形而道歉。例如可以用这样的语言：

"让您不方便，对不起。"

"给您添了麻烦，非常抱歉。"

这样的道歉既有助于平息客户的愤怒，又没有承担可导致客户误解的具体责任。要用自己最真诚的微笑去面对客户的抱怨，切实地去处理问题，服务人员的存在完全是为了服务客户，因此，企业和服务人员都有责任和义务帮助客户消除他的抱怨，使客户重新感到满意。在面对抱怨的同时，服务人员尤其不要慌张，要很冷静、很有自信地处理问题，坚信问题能够得到圆满的解决。

第六章 利用客户的性格，引导成交

在做业务的过程中，我们会碰到各种各样的客户，每个人的性格都不一样，做业务最怕的就是用一种态度和方式去对待不同性格的客户，这样不仅成交的可能性小，还有可能在无形中得罪了客户。所以，面对不同性格的客户一定要采用不同的策略和方法才能取得预期的效果。

面对沉默型客户，可以这样做

沉默型客户在整个推销过程中表现消极，对推销冷淡。业务员与这类客户进行沟通时很容易出现僵持局面。沉默型客户对对方的任何陈述或激情都无动于衷，他们好像对事情都胸有成竹，自己的想法决定一切。一般来说，沉默型客户有以下表现。

例1：客户走进店里，巡视柜台，或仔细审视某种商品。店员上前招呼："欢迎光临。"当看到客户手上商品色泽鲜艳，就问："给您孩子用吗？"如果商品样式保守，就问："给老人用吗？"可是无论店员怎样招呼，客户仍保持着惊人的沉默，一言不发，搞得店员尴尬不堪。

例2：一位客户走进汽车展示厅，业务员随即上前提供服务，下面是他们的对话。

业务员：您希望拥有一辆什么样的车子？

客户：哦！（抬头看了对方一眼）

业务员：您更看中的是车子的哪一点？价格、款式、品牌……

客户：什么都不是。（又向另一个方向走去）

业务员：那您……

不论业务员如何努力地试图接近这位客户，客户始终表现得很冷淡。

在业务员和客户的谈话过程中，客户对业务员的服务，始终表现得很沉默，让人难以接近。沉默型客户可以分为两类，可称为天生沉默型和故意沉默型。

天生沉默型

这类客户在与业务员的沟通过程中并非假装没听到，也不是对什么不满，只是天生的性格使他们不爱说话。例1中的那位客户就属于这种类型。

应对这类客户，业务员可尽量诚恳地为客户解说或从其反应中了解客户的意向，然后对症下药。有时业务员也可以提出一些简单的问题来激发客户的谈话欲。如果客户对商品缺乏专业知识并且兴趣不高，推销员此时就一定要避免讨论技术性问题，而应该就其功能进行解说，以打破沉默；如果客户是由于考虑问题过多而陷入沉默，这时不妨给对方一定的时间去思考，然后提一些诱导性的问题试着让对方将疑虑讲出来以便大家协商。

在例1中的那位营业员可以对客户这样说："小姐，您手上拿的那款皮包配您的这套连衣裙很合适……"

故意沉默型

此种客户在沟通过程中，他的眼睛不愿正视你，也不愿正视你的样品，而又略有东张西望心不在焉的表情，则十有八九是装出来的沉默，是对产品及拜访不感兴趣，但又不好意思拒人千里之外，故只好装出沉默寡言的样子让你知难而退。例2中的那位客户就属于这种类型。

遇到此种客户，寻找话题，提出一些让对方不得不回答的问题让他说话，以拉近彼此距离，多花时间再导入正题。如果客户由于讨厌推销员而沉默，推销员这时最好反省一下自己，找出问题的根源，尽快做出调整，以达到与客户沟通的目的。

面对腼腆型客户，可以这样做

有些人动不动就双颊绯红、面如桃花、额头沁汗、手忙脚乱。这种人大多是极端内向，或自知有某种弱点的人。他们多少次告诉自己不要害羞，结果心跳却愈加快起来。其实，每个人都害羞，只是程度不同而已。"害羞是神单独赐给人类的好礼物。"一般来说，腼腆型客户都会有以下表现。

例1：一位矮个子男青年在浏览店内商品，眼睛正好瞄向女店员那边。突然，一脸沮丧，叹着气走掉了。几个女店员议论道："可能是同业的间谍。"事实上，男青年刚好看见几个店员窃窃私语，忍着笑。神经敏感的青年就以为她们在笑他个子矮，因此扬长而去。

例2：一位村办企业的干部由于工作需要，到县城里购买电脑，刚进一家装饰豪华的店铺，不由得紧张起来。店铺里的业务员虽然看到此人的穿着朴素，但还是热情地招呼他，不料业务员刚说了一句"您需要什么样的电脑"他就掉头走了。

例3：以下是一位保险推销员在和一位年轻的女士谈该选择什么样的险种时的对话：

推销员：这个险种很适合您。

客户：哦。

推销员：这个险种会保障您今后几年内的重大开支不会有什么问题。您想，您马上就要结婚了，婚后您的孩子的开销也是一笔很庞大的数目……

客户：我还没想这个呢！（客户打断了推销员的话）

推销员：不过您早晚需要的……

客户：我们还是看其他的吧！

……

以上三个例子中的客户是典型的腼腆型客户，此类客户生活比较封闭，对外界事物表现冷淡，和陌生人保持相当距离，对自己的小天地之中的变化异常敏感，他们对推销反应不强烈。

以上三个例子说明，与腼腆型客户沟通时首要注意的一点是，不要直接注视他们。解说商品时，最好把商品拿在手上，一边看着它一边说明；强调产品重点功能或优点时，和蔼地直视对方，其他时间还应尽量避免这样做。

在具体情况下，店员应更加敏感些。例1中的情景，大家或许会产生同感：一边看着自己一边嘀嘀咕咕地咬耳朵，任何人见此情景都会感到不快，更何况是腼腆型客户。与对方四目相接，则更觉尴尬。如果对方是情侣或身体上有缺陷，则更应适度回避。而且，与他人四目相接时，不管有没有与他人耳语，都要轻声招呼："欢迎光临。"

说服此类客户对推销员来说难度是相当大的。这类客户对产品挑剔，对推销员的态度、言行、举止异常敏感，他们大多讨厌推销员过分热情，因为这与他们的性格格格不入。推销员给予这类客户的第一印象将直接影响着他们的购买决策。接待这类客户要注意投其所好，则容易谈得投机，否则这些客户是很难接近的。

面对慎重型客户，可以这样做

有些人处世谨慎，凡事考虑得较为周到，这通常也反映在他们购物时的态度上，慎重型客户往往关注得比较多，例如：质量、包装、价格、品牌、售后服务等。他们不会因为产品的某一个优点而决定购买，他们通常会综合评价产品。同时这类客户在购物时经常会货比三家，多方面考虑后再做决定。所以他们的外在表现就是善于和业务员讨论产品，而且经常是比较产品，他们对产品的行情会比较清楚，谈起专业知识也头头是道。我们可以通过下面的例子来说明。

例1：业务员提出自己的建议后说："……所以，我认为这个配置和您的要求最相称。"可客户想了想说："这款好像也不错，但说实话，我最喜欢的是刚才我们看的那个配置，就是价钱太贵了些……"业务员说："先生，一分钱一分货，配置好，价钱自然要高些，您看看我现在介绍的行不行？"客户有些为难："可是，和我原先的预算有些出入，根据您的看法，先前那款配置似乎不太适合我。"业务员急忙解释："不，不，我不是这个意思，那款的配置也很好。"客户此时一脸疑惑："我都给弄糊涂了！"可业务员却仍极力推荐："先生，这款也不错，我觉得它非常适合您。"客户已打了退堂鼓："是吗？我看我还是改天再来吧，麻烦您了。"

例2：在某服饰商店内，A和B两位客户正在挑选衣服。A客户说："这件外套不错，可是价格贵了点。"店员解释道："请相信，价钱绝对合理。"A仍坚持说："可是，同一件衣服，在前面那家店里却很低。"店员有些不解："您是不是看错了。我们走的是薄利多销的路线，不会比别的店贵。"这时 B 插话进来："A 说的没错。能不能再便宜一点儿？"A 补充道："您是说不能降价吗？那我们下次再来吧，可别买到贵的。"

例3：下面是业务员和客户成交后商谈付款细节的一段对话。

业务员：这是您预订 10 台××型号的机器的协议书，按照惯例，您得预付 50%的货款。"客户（仔细地看过协议书后）："那付完预付款后，机器什么时候能送达？

业务员：半个月左右吧。

客户：你得给我一个确切的时间，最好能把这条也写在合同里。还有，违约细节也须写清楚……

可见，慎重型客户在与业务员交流时已定下目标，只是交涉到最后才说出自己的决定。这类客户通常也是令业务员头疼的客户，但这类客户一旦接受了哪位业务员，他也许就会成为一个忠实客户。

总结例1中的失败之处，可看出客户没有要求改为价位低的货品之前，业务员先提出这一建议，这样反而会使客户失去信心。遇到这种情况，先端杯茶，缓和一下气氛，谈话时，话题不要针对价位高低的货品变来变去，先作一些说明，如不能让价，但售后服务周到，也可分期付款等，引起对方购买欲后，再催促其下决心。对于例2，业务员应了解到有些客户为了要求减价，故意说其他店便宜些，因此这种情况下首先要让客户明白价格绝对公道，然后严肃地说："请您再比较看看。"客户回头再买时，一定要保持殷勤有礼，不可摆出高傲的姿态。

面对犹豫型客户，可以这样做

日常生活中，有许多人在开始做某事以前，大多会犹豫不决。即使是芝麻大的小事，到了想要做的时候，总是无法下定决心。因此，时常会浪费很多时间。他们不知道自己究竟想要的是什么，所以会沉默，令人摸不着头脑。这类客户不容易下决断，他们对于任何事情都犹豫不决，甚至讲话也口齿不清，他们喜欢问问题，动作不利落，有时神情会有些恍惚。

例1：客户在样品间里，看到一件商品，他对业务员说："对不起，麻烦您把那个拿给我看一下……"刚说完，突然眼睛一亮，"咦，那边那个也不错，也拿给我看一下。"没多久，一转头，"啊，那个似乎也不错！"客户三心二意，很难抉择。业务员一一照办："是啊，这种目前卖得很不错，大家通常用这款。"客户面对柜台上已摆出的七八种商品东摸摸、西挑挑，哪种都觉得满意，又哪种都觉得有不足之处："到底选哪一个好？哎呀呀，我眼都花了，还是不知该买哪个。这样吧，我明天再来看，麻烦您了。"于是，客户空手而归。

例2：业务员把产品目录拿出来与客户一起看。

业务员：您看这个型号，它的主要特点是……

客户：这种呢？（打断了业务员的话）

业务员：哦，这种比刚才那个更适合……

客户：那下面这个呢？

……

如同上述两个例子中的客户，犹豫型客户即使在洽谈的过程中，也会这个那个地犹豫不定。看来像要决定，却犹豫不决。这种倾向不但表现在对商品的选择上，而且在谈交易条件时也是一样。他们主要有三个特点：

希望一切自己决定　犹豫型客户总是想一切根据自己的意志，凭自己的感觉决定。这种类型的人头脑很好，一旦行动，会考虑很多，结果反而更加犹豫不定。

不让对方看透自己　犹豫型客户有讨厌被别人看透自己的心理，也许由于自以为是，认为自己与别人是不一样的意念特别强烈。

极端讨厌被说服　犹豫型客户很讨厌被人说服，特别是自认为自己想法正确的人，这种感觉也就越发强烈。如果被别人说服，他会认为是因为自己没有知识和能力。

犹豫不决型客户可分为两种类型：第一种是客户本身完完全全不懂得抉择；第二种是业务员模棱两可的回答使其犹豫不决。

面对这种类型的客户，要记住对方第一次拿的是什么商品，数次选看的是什么商品，根据其态度，留下几种适合他口味的商品，将其余的不动声色地拿开。然后，推断客户喜爱的商品，正是他反复选看的商品，若他再次拿起那种商品，这时用自信的口吻说："太太（先生），我认为这种最适合您。"这通常会使客户当场决定下来。

若旁边还有其他客户时，可征求第三方意见，这是促使犹豫不决型客户下定决心的方法之一。一般情况下，被问及的客户会予以合作，且赞同率往往会很高。

在例1的特定情况下，则应该推断其第一次拿在手上的商品、多次询问的商品、放在身边的商品，然后悄悄地拿开其他商品，尽力缩小挑选范围。

面对顽固型客户，可以这样做

这类客户多为老年客户，他们是在消费上具有特别偏好的客户。他们对新产品往往不乐意接受，不愿意轻易改变原有的消费模式与结构。

例1：保险业务员在和客户讨论保险的必要性。

业务员：我们现在的生活是需要一些保障的。

客户：我都活了那么多年了，没买保险不一样过来了吗？

……

客户：你不就是想让我买保险吗？我不需要它，不用多讲了！

例2：业务员和客户在讨论产品的价格。

业务员：这是最低价格。

客户：不可能，你再算一遍，不可能有这么高的价。

业务员：我已请示经理了，我们的价不能再降了……

客户：不行，你再请示一次，或者把你们的经理找来，我要让他把价降下来。

看过以上两个例子，我们可以感觉到这种客户确实难对付，因为这种客户特别要面子，不管有理无理也不愿退半步，尤其是有其他人在场的时候，他们更显得固执。

顽固型客户主要有两个特点，业务员可以针对这两个特点采取策略。

坚持 这类客户说出自己的看法后就丝毫不让步。作为业务员，一定要非常自信，顽固的人逆反心理比较强，你说是这样，他偏不信，你说不是这样，他还是反对。你越想说服他，他越固执，他那顽固的心理会表露在言行中，因此很容易观察到。

保守 这类客户以前做过类似的事，而现在再做时，发现情况变了，他们寄希望于用以前的方法处理此事，从而表现出固执的行为。如去年冬天买了一件1000元的西服，今年冬天再去买同样西服，发现标价涨了100元，此时他会坚持绝对不付那么多钱。他对面子看得很重要，当他深信的一切被对方反驳时，他会显得不安，感到面子上过不去，变得更加固执："我以前就用1000元买过，没错！"

顽固型客户对推销员的态度多半不友好。推销员不要试图在短时间内改变这类客户，否则容易引起对方强烈的抵触情绪和逆反心理，还是让你用手中的资料、数据来说服对方比较有把握一些。对这类客户应该先发制人，不要给他表示拒绝的机会，因为对方一旦明确表态再让他改变则有些难度了。

面对商量型客户，可以这样做

商量型客户总体来看性格开朗，容易相处，内心防线较弱，对陌生人的戒备心理不如其他类型客户强。他们在面对推销员时容易被说服，不会令推销员难堪。商量型的客户也十分多见。

例1：客户手里拿着毛衣，向店员询问："小姐，我很喜欢这件外套，可那件也不错。麻烦您帮我参考一下，哪件更适合我？"店员考虑良久："这个嘛……"正要说出看法时，又听见客户对其他的店员说："您经验丰富，您给我决定吧！"

例2：在一家电脑公司里，一位客户思量着并自言自语道："那些准备齐了，这个也买了，现在只剩配套软件……"看样子是在计划电脑系统的软件购置，"我想做一个系统软件。"业务员热情招呼："好的，是销售业务吗？"说着，正要站起身。客户又说道："我是外行人，也不懂应该涉及什么，你看看我公司的材料，需要买什么全由你定好了。"业务员有些犹豫："可是……"可客户坚持道："没关系，由你定我倒更放心些。"业务员只好答应下来。

例3：一位客户在柜台前边挑选领带边问："小姐，请问这两条领带，哪一条比较合适？"店员比较了一下："我看这一条配您的西装正好，我看选它很好。"客户有些迷惑："怎么看得出它更配一些？"店员耐心地解释道："这条领带的底色和您西服相同，图案也与西装的条纹相似，所以我觉得这条好些。"客户点头称是："有道理，就这一条吧，我还想买条皮带，您看哪种颜色好？"店员挑出一条："这条与您西裤色调一致，我看很好。"客户说："就这么决定了。"

任何商品的销售过程中，都会见到这类例子。这种委托业务员判断哪种商品适合自己的客户，完全是出于对业务员的信任，因此业务员则应尽心尽责不使客户失望。

这一类客户表面上是不喜欢当面拒绝别人的，所以要耐心地和他们周旋，这样不会引起他们太多的反感。对于性格随和的客户，推销员的幽默、风趣会起到意想不到的作用。如果他们赏识你，他们就会主动帮助你推销。

但这一类客户有容易忘记自己诺言的缺点。面对这种类型的客户，首先一点，业务员应确立责任心，不能以随意的态度敷衍客户。业务员一般具有一定的经验，可以根据客户的实际情况做出较为适当的判断，这也是客户询问的原因。业务员应尽量避免为获取利润极力推销贵重商品，而不管其是否适合客户的需要。业务员做出合理的推荐，使客户满意，往往也会促进相关商品的出售。

还有，业务员应选择在恰当的时机提出建议。千万不可在客户尚未仔细挑选时就急不可耐地说："这个跟您很相配。"这往往会使客户感到过于唐突。例1和例2中的业务员处理较为合适，说出自己的建议，并留一定时间给客户考虑定夺，争取到客户的信任，也就等于争取到了自己的声望与巨大的商业利益。

面对交际型客户，可以这样做

擅长交际者的长处在于热情而幽默。他们能迅速把人们争取过来，并使其他人投入其完成任务的活动。这类客户是很受业务员欢迎的，因为他们会主动和业务员接近，使双方从开始就没有距离感。

例1：业务员和客户初次见面。

业务员：您好，我是……

客户：哦，你好，来一趟不容易吧？辛苦你了，干你们这行的真不容易……

双方已经很亲热了。

例2：业务员和客户在讨论送货的问题。

业务员：我会在10月1日前把所有货品送到您的公司。

客户：好啊，到时你也会去吧，我们一起在我那里看看，我那里有……

交际型客户很容易适应一个变化的局面，不管话题是什么，他们总有话可讲，而且常以令人感兴趣的方式把话讲出来。其弱点是有时表现过甚，被视为矫揉造作或装腔作势；不注意细节，对任何单调的事情或必须单独做的事情都容易感到厌烦。

这种类型的客户很容易对付，但要他做最后的决定则是一件很困难的事，因为他很喜欢说话，一谈起来就天南海北聊个没完。这时，推销员不可让他一直讲下去，必须很巧妙地将话题引回到推销事务上，此时推销员一定要保持着很亲切、很诚恳的态度，否则他便会认为你不尊重他。

因此要赞成其想法、意见，不要催促讨论；不要争论、协商细节；书面归纳双方商定的事情；使推销谈话有趣并行动迅速。

在向他们推销的时候要做到：计划要令人激动并关心他们；要让他们有时间讲话；坦率地提出新话题；研究他们的目标与需要；用与他们目标有关的经历或例证来提出你的解决办法；书面确定细节；要清楚而且直截了当。

对这种类型的客户要：促进——向他们提供激励及证明书，他们喜欢获得"特殊交易"；赞扬——给他们充分的机会来谈论，注意倾听；纠正——确切说明问题是什么以及需要哪些恰当的行为来消除顾虑。

面对爽快型客户，可以这样做

爽快型客户一般最受业务员欢迎。这类客户选择快、不讲价。以下即是爽快型客户的两个例子。

例1：客户问业务员："麻烦您，能不能让我看一下这个样品？"业务员应声道："好的。这台吗？"客户肯定地说："是，就是这个型号。多少钱？……好，就这台吧！"业务员心里高兴得很——要是客户都这样该多好。

例2：客户走进体育用品商店，问道："你们这里有没有李宁牌运动服？有的话，拿给我看一下。"店员一面翻找，一面询问："李宁牌运动服吗？有的，不过尺寸很多，麻烦您到这边挑选好吗？"客户跟了过去："嗯，好，好，我就要这一套。"

这种类型的客户虽为店主所欢迎，但往往也使店主良心不安，店主也在想为什么这些人出奇爽快，自己随意建议几句即可使他们下定决心。其实，这些客户除本性爽快外，还有以下原因：

1. 信任该公司或业务员；

2. 信任商品；

3. 事先看过。

爽快型客户信任公司或业务员，对这种信任应小心维护，切不可下意识地随便了事。业务员要满怀激情、满怀喜悦地面对这种可爱的"上帝"。要明白这样的道理：自己说不如借别人的口说，自己声嘶力竭，不如朋友之间绵绵细语，同时注意自身的不断充实，才能收到理想的效果。

业务员如果遇上了脾气暴躁的人，一定要尽力配合他，也就是说话速度要快一点；处理事情的动作应利落一点；介绍商品，只要说明重点即可，细节可以省略。因为这种人下决心很快，所以，业务员只要应和他，生意就很快做成了。

面对刻薄型客户，可以这样做

业务员在做销售的过程中难免遇上一些较刻薄的客户，让业务员头疼不已。请看下面的例子。

例1：业务员在和客户初次会面后正在向客户介绍产品。

业务员：我觉得该产品很适合您的家庭。

客户：你这么热忱，真是辛苦了。因为你们的产品不好，所以我一点也不想买。

业务员：我想……

客户：我是不想买的，你不是浪费时间吗？

例2：业务员向客户介绍产品的售后服务。

客户：我朋友买了你们的产品后大呼上当。

业务员：是吗？那您的朋友应该及时和我们公司沟通啊。

客户："买了你们的产品以后就没有售后服务了。在还没有买以前，你们就说产品怎么好、服务如何周到等等很多理由，但是一买下来就不是那么一回事。

不可否认，有的时候客户并非出于求好心切而做出善意的批评，也不是发自内心才这样说的，而是想胡乱地挖苦别人一番。有的是客户的性格使然。

业务员都不愿意自己遇到刻薄的客户。确实，与这类客户相处会很难受，既要考虑销售又不想"忍气吞声"。刻薄的人不一定就是心肠坏，有时他们只是为了发泄压抑在心中的各种不良心绪，便表现出"一触即发"的过激、苛刻的行为，因此，你不必总认为他是故意跟你过不去。

一般来说，对待这类客户要把自己作为这类客户的出气筒，让他发泄够了以后，你仍彬彬有礼地一言不发。这时他也许会感到不好意思，解释自己只是对伪劣产品和不法厂商有意见，"你的东西还是很不错的"，于是他会买上一两件作为掩饰。

如果这招不灵的话，你就得考虑另一种策略了，因为总是一味示弱也是不可取的。当对方十分过分时，你可以将你的视线正对他的眼睛，用不着任何言语，对方便会马上感觉到："是我错了吗？"

这时你就可以提些意见，但也得注意你的言辞委婉，"或许……比较好吧？""是不是可以……呢？""我认为……你说呢？"等等，用平和商量的口气，使对方既易接受，又不至于引起反感。

面对虚荣型客户，可以这样做

人人都有虚荣心，只是程度不同罢了。我们这里的虚荣型客户是指虚荣心、嫉妒心都比较强的一类客户。

例1：某位保险推销员在和一位客户进行沟通。

业务员：您每月的收入与其花在其他方面还不如留一部分来为自己买一份保险。

客户：是啊，我每月最大的支出就是衣服和化妆品，你看，这件刚买的上衣8000多……

例2：在一家首饰商店里，一位客户正在选戒指。

店员：您看看这款，价格还是比较实惠的。

客户：哎哟，这哪行啊，我的项链20000多呢，至少得和它相配才行吧……

这一类客户在与人交往时喜欢表现自己，突出自己，不喜欢听别人劝说，任性且嫉妒心较重。有很多时候业务员可以从客户的表情和语言来判断出这类客户，他们在与业务员沟通时会着重显示他们的高贵，即便有时在吹牛。

对待这类客户要熟悉他们感兴趣的话题，为他提供发表高见的机会，不要轻易反驳或打断其谈话。在整个推销过程中推销员不能表现太突出，不要给对方造成对他极力劝说的印象。如果在推销过程中你能使第三者开口附和你的客户，那么他会在心情愉快的情况下做出令你满意的决策。对待这类客户有以下两种办法。

赞美，甚至奉承

对待虚荣型客户，即使你早已看出他在吹牛，你也假装糊涂地附和一阵："你穿上它好漂亮啊！""它真适合您的气质呀！"甚至奉承他道："你真会买东西啊！"

像这种"谎言"，说上几箩筐也没关系，既给人家以快乐，又锻炼自己的口才，何乐而不为呢？记住：一个善于包容他人缺点的人，总比别人多拥有成功的机会。

当然，"奉承"的时候千万不能说漏了嘴。比如说"某某公司，早就有了比你先进得多的产品了"之类易引起客户反感的话，相反，你可以这样说"某某公司花了三倍的价钱才买到"来激发她的购买欲。

刺激

比如，故意对对方说："某某明星虽然年纪也有你这么大了，可还是那么漂亮。"此时如果对方立即变脸或面红耳赤，您的目的便已达到，应立即采取补救措施，迅速说出该明星的若干不是来批评一通，对方肯定会露出非常愉快的表情。

然后，你便接着先赞美你的嫉妒心强的这位客户，而且最好跟不特定的多数人作比较，数出他的"优点"，效果会更好。

面对咨询型客户，可以这样做

咨询型客户就是指那些摆出要买的架势，却又无心购买的客户。但他们的数量是占绝大多数的，而且大多数成交的客户都是从这类客户转化来的。所以了解这类客户对于业务员来说是至关重要的。这类客户的行为可以用以下例子来体现。

例1：一位打扮入时的妇人走入店里，在特价柜台前久久流连，不停地翻动小孩子穿的衣服，一会儿低着头，好像在考虑些什么。导购小姐走到她的身边打招呼说："夫人，这些都是给小男孩穿的衣服。"那位客户也不搭话，快步离开了这个柜台。走了没几步，她又停在店门口堆满内衣裤的特价柜台前，又开始翻看那堆衣服。导购小姐见状，又走过去招呼说："是太太自己要穿的吗……"话没说完，客户扔下一句"下次再来"，就快步走掉了。这幕景象在每家商店都不知要上演多少回，不知有多少店员满心欢喜地看着客户的到来，又懊丧地看着他们扬长而去。

例2：一个客户正在挑选手机，业务员走过来介绍说："先生，这款手机与其他的手机不同……"客户回答说："嗯，不过我想它的按键摸起来感觉有些不方便……"业务员赶紧插话："不会的，您可能感觉它有些不方便，但是用过的人都说这种按键操作简单、方便，这一点您大可放心，绝不会出现问题的！"客户看了他一眼："是吗？但我还是觉得有些麻烦。本来我今天也没打算要买，我看还是改天再过来看看好了。"

如果咨询型客户很多，那对于公司或业务员来说是有很大益处的。今天客户上门咨询，说不定明天或后天他就会来购买。所以说咨询型客户也可以称为潜在的客户，他们至少比过门而不入的客户更受欢迎！

据统计，客户购物时一般分成两类：第一类是已经决定要购买的，这些人占客户总数的20%；第二类是心里先有个底，等到在店里参观后再做最后决定，这些人占72%。所以说，咨询型客户是最大的潜在购买力。

那么如何接待这类客户呢？

第一，如果客户刚进门，业务员急忙地上前招呼的话，很容易导致例1中的那种后果。最好的办法是，当客户驻足于某个场所，拿起商品仔细考虑时，业务员要先观察他的表情、态度，再轻声招呼"欢迎光临""请您慢慢看"或"请拿起来看没关系"，如果客户点头回应，再找适当机会接近他们。记住，过度地纠缠或不断地解说容易令客户厌烦，本来有意购买的客户也会变成"咨询客户"。

第二，客户只要走进了你的门，这就表示他有意购买你的商品，或对某种商品感兴趣，虽然他这次空手而去，但这份心意却不得不领受，店员应该愉快地送他们出去，并说"欢迎您下次再来""谢谢您的光临"等。

面对购买型客户，可以这样做

购买型客户是指客户直接上门要求消费。这类客户是最受业务员欢迎的，因为他们不需要业务员费什么口舌就可以达成协议。这类客户的行为可以从下面的例子来体现。

例1：某汽车销售大厅。

客户：你们这里有汽车吗？售价是 79000 吧？

业务员：是啊，就是那边的那辆！

客户：好，可以进行分期付款吗……"

一笔业务很快就成交了。

例2：某公司销售部里，业务员甲接到一个电话。

业务员：你好，兴海家具销售部。

客户：请问是张强吗？

业务员：哦，我就是。请问您是哪位？

客户：我是宋志军的同事，他上次买的那套家具还有吗？

业务员：有啊！

客户：那我也买一套，价钱是一样的吧？

业务员：那当然。

客户：那我给你个地址，明天可以送到吗？

……

一般来说，购买型客户如此痛快地消费基于以下几个原因：

1. 产品的质量信誉好；

2. 业务员的信誉好；

3. 有熟人介绍；

4. 事先咨询过；

5. 性格使然；

6. 老客户。

当然，这类客户是很受业务员欢迎的，因为做他们的生意很容易。也许有些业务员认为这类客户是不要太多费心的，但就是这个观点，让许多业务员失去了本来属于自己的忠实客户。其实这类客户更需要业务员完善的售后服务，使他们感觉到在你这里消费是十分值得的。

业务员可以通过以下三种方法来创建更优质的售后服务：

1. 多和客户聊聊关于信誉的问题，使他感到买得放心；

2. 如果是你的朋友介绍来的客户，应多和他谈些私人问题，让客户和你更亲近；

3. 售后要多打电话咨询客户使用情况。

第七章 客户没有异议了，也就成交了

　　每一次交易都是一次"同意"的达成，而合作必然会带来新的问题和额外的要求，这就是异议。虽然异议总是带来烦恼，但它也是业务员从客户身上获取更多信息以影响客户的机会。解决异议、满足需求不但是教育客户并同其建立良好关系的绝佳机会，而且经常能创造新的成交机会。

客户也需要你认真地聆听

一位成功的保险业务员对如何使用倾听这个推销法宝深有体会："一次，我和朋友去一位富商那儿谈生意，上午9点开始。过了6小时，我们步出他的办公室来到一家咖啡馆，放松一下我们几乎要麻木的大脑。可以看得出来，我的朋友对我谈生意的措辞方式很满意。第二次谈判定在下午2点到6点，如果不是富商的司机来提醒，恐怕我们谈得还要晚。知道我们在谈什么吗？

"实际上，我们仅仅花了半个小时来谈生意的计划，却花了6个小时听富商的发迹史。他讲他自己是如何白手起家创造了一切，怎么在年届50时丧失了一切，后来又是如何东山再起的。他把自己想对人说的事都对我们讲了，讲到最后他非常动情。

"很显然，多数人用嘴代替了耳朵。这次我们只是用心去听、去感受，结果是富商给他40岁的孩子投了人寿险，还给他的生意保了10万元的险。我对自己能否做一个聪明的谈判人并不在意，我只是想做一个好的倾听者，只有这样的人才会到哪儿都受欢迎。"

具体含义可以分为以下几个部分描述：

第一，做个忠诚的听众。不要轻易另起话题突然打断对方的讲话，这是交谈中的一个忌讳。如果迫不得已，你一定要看看对方的反应，打断对方的讲话意味着你对人家观点的轻视，或者表明你没有耐心听人家讲话。如果需要对方就某一点进行澄清时，你可以打断对方。

第二，跟着对方的思绪。据调查，大多数人听话的接收速度通常是讲话速度的四倍，也就是说一个人一句话还未说完，但听者已经明白他话讲的内容是什么。尽管如此，你也必须要跟着对方的思绪，听他到底要讲什么内容，也只有这样做，你才可能听得出对方的立场和话外之音。

第三，适当地迎合。口头上讲一些表示积极应和的话，比如"我明白""真有趣""是这样的"。它们可以表明你的确是在认真地听客户讲话，这样，客户会对你产生信任。向客户表明你在认真地听他讲话的方法还有：你向他就有关问题进一步澄清，或是希望得到更多的有关信息。这些表现很重要，但绝对不要用"嗯、哦"来表明你的共鸣，这些做法太简单，虽然确实可以表明你对客户的讲话是感兴趣的，但让他人听起来像是敷衍。

第四，千万不要打哈欠。如果客户在兴致勃勃地向你叙说时，而你却发出一些令人难受的声音，比如说打哈欠、玩弄手上的物品、收拾桌子等发出不合时宜的声音，肯定会使潜在客户感到你对他的讲话不感兴趣，导致谈话的中断，从而损害你们之间的友善关系。如果确实没有办法阻止你发出这样的声音，一定要确保对方听不到。

第五，要听话外之音。一些业务员听话很认真，甚至做记录，但他们往往只注意表面，而忽略了大量客户话外的意思。电话行销人员在听客户讲话时候要关注对方的语调、语气、节奏变化等。

第六，确认对方的讲话。为了理解客户的讲话，应该将这些讲话做出概括总结，这也是聆听的一个重要方面。它不仅表明你的确在认真地听对方说话，也为

潜在客户提供了一个帮助你澄清可能的误解的机会。对于一些不能肯定的地方，

你也可以通过直接提问的方式，来寻求得到客户的证明。

客户为什么产生异议

在不同的推销环境、时间、地点条件下，推销员所面对的客户受自身的外部因素的影响，会提出各种不同的反对意见，推销人员必须熟悉并善于应对客户的异议，才能有效地说服客户，取得推销的成功。一般来说，客户的异议主要表现为以下几种类型。

1. 需求方面的异议

指客户认为产品不符合自己的需要而提出的反对意见。当客户对你说："我不需要"或"我已经有了"之类的话时，表明客户在需求方面产生了异议。而对客户的需求异议，存在两种可能：一是客户确实不需要或已经有了同类产品；二是客户摆脱推销员的一种托词。在第一种情况下推销人员应立刻停止推销，转换推销对象。面对第二种可能，推销人员应运用有效的异议化解技巧来排除障碍，从而深入开展推销活动。

2. 商品质量方面的异议

指客户针对商品的质量、性能、规格、品种、花色、包装等方面提出的反对意见，也称为产品异议。这是一种常见的客户异议，其产生的原因非常复杂，有的可能是产品确实存在不足，有的可能源于客户自身的主观因素，如客户的文化素质、知识水平、消费习惯。此种异议是推销员面临的一个重大障碍，而且障碍一旦形成就不易被清除。

3. 价格方面的异议

指客户认为价格过高或价格与价值不符而提出的反对意见。在推销过程中，推销员最常碰到的就是价格方面的异议，这也是客户最容易提出来的问题。一般来说，客户在接触到推销品后，都会询问其价格，因为价格与客户的切身利益密切相关，所以客户对产品的价格最为敏感，一般首先会提出价格异议。即使推销员的报价比较合理，客户仍会抱怨价格太高了。在他们看来，讨价还价是天经地义的事。当然，客户提出价格方面的异议，也是表示客户对产品感兴趣的一种信号，说明客户对产品的性能、质量、款式等比较满意。因此，推销人员应把握机会，可适当从产品的材料、工艺、售后服务等方面来证明其价格的合理性，说服客户接受其价格。

4. 服务方面的异议

指客户针对购买前后一系列服务的具体方式、内容等方面提出的反对意见。这类异议主要源于客户自身的消费知识和消费习惯。处理这类异议，关键在于要提高服务水平。

5. 购买时间方面的异议

指客户认为现在不是最佳的购买时间或对推销人员提出的交货时间表示的反对意见。当客户说"我下次再买吧"之类的话时，表明客户在这一方面提出了异议。这种异议的真正理由往往不是购买时间，而是价格、质量、付款能力等方面存在问题。在这种情况下，推销人员应抓住机会，认真分析时间异议背后真正的原因，并进行说服或主动确定下次见面的具体时间。此外，由于企业生产安排和运输方面的原因，可能无法保证货物的及时供应，客户有可能对交货时间提出异议。面对此种异议，推销人员应诚恳地向客户解释缘由，并力图得到客户的理解。

6. 进货渠道方面的异议

指客户对推销品的来源提出的反对意见。在推销过程中，客户经常会这样说："你们的产品质量不行，我宁愿去买另一家企业的产品。"这就属于进货渠道方面的异议。消除这类异议，一方面要靠推销员，另一方面是企业要加大广告宣传的力度，把企业推向市场，树立企业的良好形象。

7. 推销人员方面的异议

指客户对推销人员的行为提出的反对意见。这种异议往往是由推销人员自身造成的。推销人员的态度不好、自吹自擂、过分夸大推销品的好处、礼貌用语欠佳等都会引起客户的反感，从而拒绝购买推销品。因此，推销人员一定要注意保持良好的仪容仪表，举止得体，给客户留下良好的印象，从而顺利地开展推销工作。

8. 支付能力方面的异议

指客户由于无钱购买而提出的反对意见。这种异议往往并不直接地表现出来，而是间接地表现为质量方面的异议或进货渠道方面的异议等，推销人员应善于识别。如果推销人员觉察到客户确实存在缺乏支付能力时，应停止推销，但态度要和蔼，以免伤害潜在客户的感情。

弄清楚客户为什么要拒绝

当你已经与客户磋商很久了，也很可能一些客户会找一些借口拒绝你，那他们为什么会拒绝呢？

客户拒绝的原因有三个：

1. 没有权力决定；

2. 未被推销人员说服；

3. 认为推销人员的话不可信。

尽管你施展了浑身解数，但由于对方谢绝仅仅是找个借口，那你确实很难成功。客户并非总愿意承认自己无权做这样的决定，往往用"颜色不对""外形不理想""太贵了""似乎款式有点过时了"作为推辞。

如果对方根本无权做决定或拿不出钱来，纵使你为颜色、外形、价格、款式辩护，交易也仍旧无法做成。

假如客户的拒绝仅仅是由于未被你说服，他或她会找个借口来婉言谢绝你。

在某些情况下，客户会认为你讲的话不可信。他们认为自己的判断是正确的，但有时事实并非如此。

有这样一个实例：

在过去三个月里，营业部经理谢某出于某种原因两次出现在货仓。通常他不会去那儿。碰巧的是，他两次在那儿时，都听到仓管员大声抱怨：来的货不全，

装货单有差错。于是谢某认定，这位供应商送来的货物都有问题，但他恰恰不知

道该供应商的 41 次送货都是挑不出任何毛病的。

采用正确的做法化解异议

客户异议在推销过程中是客观存在的，不可避免的。它是成交的障碍，但它也是客户对推销品产生兴趣的信号。若处理得当，反而能使推销工作进一步深入下去。因此，推销人员在处理异议时应注意以下几点：

情绪轻松，不可紧张。推销人员要认识到异议是必然存在的，在心理上要有所准备。当听到客户提出异议时，应保持冷静，不可动怒，也不可采取敌对行为，要以笑脸相迎，并了解反对意见的内容及重点。一般先用"我很高兴你能提出此意见""你的意见非常合理""你的观察很敏锐"等作开场白。

认真倾听，真诚欢迎。推销人员听到客户提的异议时，应表示对客户的意见真诚欢迎，并聚精会神地倾听，千万不可加以阻挠。

重述问题，证明了解。推销人员向客户重述其所提出的反对意见，表示已了解。必要时可询问客户，自己的重述是否正确，并选择反对意见中的若干部分予以诚恳的赞同。

审慎回答，保持友善。推销人员对客户所提的异议，必须审慎回答。一般而言，应以沉着、坦白及直爽的态度，将有关事实、数据、资料以口述或书面方式告知客户。回答的措辞须恰当，语调须温和，并在和谐友好的气氛下进行洽商，以解决问题。

尊重客户，圆滑应对。推销人员切记不可忽略或轻视客户的异议，以避免客户的不满或怀疑。

推销人员也不可粗鲁地直接反驳客户。如果推销人员粗鲁地反驳客户的意见，甚至指责其愚昧无知，那么与客户之间的关系永远无法弥补。

准备撤退，保留后路。我们应该明白客户的异议不是能够轻而易举地解决的。不过，你与他面谈时所采取的方法，对你与他将来的关系有很大的影响。如果根据洽谈的结果认为一时不能与他成交，那就应设法使日后重新洽谈的大门敞开，以期再有机会去讨论这些分歧。如果你胜了，那么便应做"光荣的撤退"，并且不可稍露不快的神色。

客户常有的逆反心理要理解

逆反心理是指人们彼此之间为了维护自尊，而对对方的要求采取相反的态度和言行的一种心理状态。销售中常会发现个别客户就是"不受教""不听话"，常与业务员"顶牛""对着干"。这种与常理背道而驰，以反常的心理状态来显示自己的"高明""非凡"的行为，往往来自于"逆反心理"。

逆反心理在销售过程的每个阶段都可能发生，且有多种表现。例如，对正面宣传作不认同、不信任的反向思考；对业务员介绍的内容无端怀疑，甚至根本否定；对业务员的推销消极抵制、蔑视、对抗等等。

产生这种逆反心理的原因表现在两个方面。主观方面：现代客户的购物独立意识和自我意识日益增强，他们反对别人把自己当"外行人"，为表现自己的"知识渊博"，就对任何事物倾向持批判态度。客观方面：业务员的可信任度、推销手段、方法、地点的不适当，往往也会导致逆反心理。

但如果业务员能巧妙利用客户的这种叛逆心理，给客户制造一种气氛，激发客户对你推销商品的占有欲，他很有可能会欣然买下你的商品。

看看下面的这个推销实例，你一定会为业务员高超的推销本领叫好，也一定会受益匪浅。

某业务员正在推销甲、乙两座房子，此时他想卖出甲房子，因此他在跟客户交谈时这样说："您看这两座房子怎么样？现在甲房子已经在前两天被人看中了，要我替他留着，因此你还是看看乙房子吧！其实它也不错。"客户当然两座房子都要看，而业务员的话在客户心中留下深刻的印象，产生了一种"甲房子已经被人订购，肯定不错"的感觉，相比之下，他就觉得乙房子不如甲房子，最后他带着几分遗憾走了。

过了几天，业务员带着热情的表情高兴地找到这位客户，告诉他："您现在可以买到甲房子了，您真是很幸运，正巧订购甲房子的客户把房子退回来了。他说家人太多，觉得房子有点小，想另找一座再大点的房子。我那天看您对甲房子有意便特地给您留下来了。"

听到这儿，那位客户当然也很庆幸自己能有机会买到甲房子，现在自己想要的东西送上门来了，此时不买，更待何时。因此，买卖甲房子的交易很快达成了。

在这个例子中，业务员稳稳地掌握住了客户的心理，通过把客户的注意力吸引到甲房子上，又给他一个遗憾（甲房子已被订购）刺激他对甲房子产生更强的占有欲，最后很轻松地就让客户高高兴兴地买下了甲房子。此例旨在说明：如果顺着不行，可以逆着试试看，而绝不是让业务员给客户设圈套。

客户不喜欢的几类话要避免说

客户经常会因为业务员无意之中的一句话而产生反感，因而放弃购买。这对业务员来说是最大的浪费。基于一般人的性格特点，客户会对业务员的九种话产生反感。

批评性话语　这是许多业务人员的通病。有的业务员可能并非是故意去批评指责，只是想有一个开场白，而在客户听起来，感觉就不太舒服。

主观性议题　在处理客户提出的涉及主观意识的议题时，如政治、宗教等，有经验的销售人员会随着客户的观点，一起展开一些议论，但遇到争论，销售人员就会适时地将话题引向要销售的产品上来。

专业性术语　专业术语极易导致客户的反感。只有将专业术语转换成简单的话语才能让人听后明明白白，有效达到沟通和产品销售的目的。

夸大不实之词　不要夸大产品的功能！销售人员不能因为要达到一时的销售业绩，就夸大产品的功能和价值，否则势必会埋下一颗"定时炸弹"，一旦产生纠纷，麻烦多多。

贬低对手的语言　同业的业务人员贬低或攻击竞争对手，首先会造成客户的反感，因为这种不讲商业道德的行为会导致公司乃至整个行业形象的降低。

隐私问题　与客户打交道，主要是把握对方的需求，而不是挖掘别人的隐私，隐私与销售产品没有任何关系。

质疑性语言　销售心理学告诉我们，质疑性话语会让客户产生不满，觉得不被尊重，随之产生逆反心理。所以销售人员忌讳的话语是："你懂吗?""你知道吗?""你明白我的意思吗?"销售人员应该采用试探性的话语，如："有没有需要我再详细说明的地方?"

枯燥的话题　可以将不得不讲的话语用喜闻乐见或轻松的方式说出来。

避讳　在销售中要避免不雅的语言，否则细节性的失误也会导致订单的丧失。

客户拒绝，可以这样应对

客户回绝的理由是你必须克服的障碍。在各类交谈中，都会遇到对方的回绝，只要有可能，就要设法将对方的回绝变成对你有利的因素。但是一定要摸准对方的心理，否则你还会遇到其他的障碍。

应对拒绝有三个步骤。

步骤1：重复对方回绝的话

这样做具有双重意义。首先，可以有时间考虑；其次，让客户自己听到他回绝你的话，而且是在完全脱离客户自己的态度及所讲的话的上下文的情况下听到的。

步骤2：设法排除其他回绝的理由

用一种干脆的提问方式十分有效。"您只有这一个顾虑吗？"或是用一种较为含蓄的方式："恐怕我还没完全听明白您的话，您能再详细解释一下吗？"

步骤3：就对方提出的回绝理由说服对方

完成这项工作有多种方式。

1. 回敬法是将客户回绝的真正理由作为你对产品宣传的着眼点，以此为基础提出你的新观点。

客户：我不太喜欢这种后面开门的车型。

销售商： 根据全国的统计数字来看，这种车今年最为畅销。

通过这种方式，你不仅反驳了对方的理由，而且还给对方吃了定心丸。

2. 将产品的优点与其他有竞争能力的产品进行比较，用实例说明自己的产品优于其他同类产品。

客户： 在这本杂志上刊登广告似乎太贵了点！

出版商： 我们每周均售出 10 万本以上的杂志，是同类杂志销量之冠。考虑到销售量，广告费还是很低的。您愿意与我们合作吗？

3. 在说明客户的观点是错误的之前，先对对方的观点表示赞同，以缓和气氛。

客户： 我听说在高速运行的情况下，这种设备就会靠不住。

制造商： 我对您的谨慎完全理解。不过我们对产品的使用极限进行了测度，我们可以保证产品设计没有问题。"

4. 紧逼法是要说明对方回绝的理由是不成立的，以获取对方肯定的回答。

客户： 这种壶的颜色似乎不太好，我喜欢红色的。

供应商： 我敢肯定可以给您提供红色的壶。假如我能做到的话，您是否要？"

客户： 这种我不太喜欢，我希望有皮垫子。

家具商： 如果我能为您提供带皮垫的安乐椅，您是否会买？

这种方法极其有效。如果将所有回绝理由都摸清并排除的话，最后一个问题一解决就使对方失去了退路。如果这种方法仍行不通，说明你没能完全把握对方的心理，没能弄清对方的真正用意。

请看下面的实例：

制造商： 您好，我打电话给您是想同您商量有关您昨天来陈列室看过的那张矫型床的事。您认为这种床如何？

客户： 噢，是的。我没同您打招呼就走了，因为我觉得这种床太硬。

制造商： 您觉得这床太硬吗？

客户： 是的。我并不要求它是弹簧底，但它似乎实在太硬了。

制造商： 我还没弄明白。您不是跟我讲您的背部目前需要有东西支撑吗？

客户： 对，不过我担心床如果太硬，对我病情所造成的危害将不亚于软床。

制造商： 这的确是个重要问题。那么您仅仅是担心这一点吗？

客户： 是的。

制造商： 我们所有的床都是按照矫型医生所提供的治疗要求来生产的。假如给您定制一张床，而且保证这张床的硬度完全符合您的要求，您是否要呢？

客户发出成交信号，一定要抓住

购买信号就是指客户已下决心与公司做生意的外在表现。正像开场白对大型销售的影响远没有对简单产品的影响大一样，购买信号对大型销售项目的影响同样比对产品的影响要小。成交信号的表现形式十分复杂，客户有意无意中流露出来的种种言行都可能是明显的成交信号。成交是一种明示行为，而成交信号则是一种暗示，是提示成交的行为。实际推销工作中，客户往往不首先提出成交，更不愿主动明确地提示成交。客户为了保证自己所提出的交易条件，或者为了杀价，即便心里很想成交，也不说出口，似乎先提出成交者一定会吃亏。客户的这种心理状态是成交的障碍。不过，好在"爱"是藏不住的，客户的成交意向总会通过各种形式表现出来，业务员必须善于观察客户的言行，捕捉各种成交信号，及时促成交易。在实际推销工作中，一定的成交信号取决于一定的推销环境和推销气氛，还取决于客户的购买动机和个人特性。

下面我们列举一些比较典型的实例，并且加以分析和说明。

直接邮寄广告得到反应　在寻找客户的过程中，业务员可以分期分批寄出一些推销广告。这些邮寄广告得到迅速的反应，表明客户有购买意向，是一种明显的成交信号。

客户经常接受业务员的约见　在绝大多数情况下，客户往往不愿意重复接见同一位成交无望的业务员。如果客户乐于经常接受业务员的约见，这就暗示着这位客户有购买意向，业务员应该利用有利时机，及时促成交易。

客户的接待态度逐渐转好 在实际推销工作中，有些客户态度冷淡或拒绝接见业务员，即使勉强接受约见，也是不冷不热，企图让业务员自讨没趣。业务员应该我行我素，自强不息。一旦客户的接待态度渐渐转好，这就表明客户开始注意你的货品，并且产生了一定的兴趣，暗示着客户有成交意向，这一转变就是一种明显的成交信号。

在面谈过程中，客户主动提出更换面谈场所 在一般情况下，客户不会更换面谈场所，有时在正式面谈过程中，客户会主动提出更换面谈场所，例如由会客室换进办公室，或者由大办公室换进小办公室等。这一更换就是一种有利的成交信号。

在面谈期间，客户拒绝接见其他公司的业务员或其他有关人员 这表明客户非常重视这次会谈，不愿被别人打扰，业务员应该充分利用这一时机。

在面谈过程中，接见人主动向业务员介绍该公司负责采购的人员及其他有关人员 在推销过程中，业务员总是首先接近有关具有购买决策权的人员及其他有关要人。而这些要人并不负责具体的购买事宜，也很少直接参与有关具体购买条件的商谈。一旦接见人主动向业务员介绍有关采购人员或其他人员，则表明决策人已经作出初步的购买决策，有关具体事项留给有关业务人员与推销业务员进一步商谈，这是一种明显的成交信号。

客户提出各种问题要求业务员回答 这表明客户对推销品有兴趣，是有利的成交信号。

客户提出各种购买异议 客户异议是针对业务员及其推销建议和推销品而提

出的不同意见。客户异议既是成交的障碍，也是成交的信号。

客户要求业务员展示推销品 这表明客户有购买意向，业务员应该抓住有利时机，努力促成交易。

另外，客户说的一些话会直接表示他希望成交。怎么判断呢？一般来讲，当客户提到具体细节问题时，则表明他已经表现出了与公司做生意的极大兴趣，那就抓住这个机会！例如他可能会说：

"确实是可以。"

"我多长时间可以得到它？"

"我如何付款？"

"我怎么下订单？"

"这确实可以解决我目前存在的这一问题。"

"这刚好可以帮我解决这一问题。"

"那下一步怎么办？"

"如果机子出现问题怎么办？"

"还行。"

有时，客户可能并没有表示出这种兴趣，但当电话销售人员解决了客户的一个疑问，并且得到了认同时，销售人员可以尝试促成这笔生意。业务员在介绍产品时应该回答的问题是：我的产品（服务）是如何为客户带来健康的。

第八章

网店销售这样做,顾客才会来

网上店铺装修好了,各项流程了解清楚了,人流量也越来越多了,接下来是不是可以高枕无忧,每天坐等顾客上门了?当然,如果你只是想过一把网络卖家的瘾,做到这里就足够了;如果你还想把你的网店事业做大做强,那我要告诉你,你现在不过是刚起步。别着急,这一篇的内容就是要告诉你,这样做,顾客下次还会来!

羡慕"别人家的店铺"

看了皇冠卖家的人流量和交易量，你是否心向往之又暗自悲伤，为什么我的人流量和交易量就这么低？淘宝的买家也"欺负"新手吗？当然不是，每一个皇冠店都是从一心店走过来的，就算是升到钻石一样也会有惨淡经营的情况。为了咱的网店，我们要继续学习，有句话说得好，没有丑的女人，只有懒女人，这里套用一下：没有笨卖家，只有懒卖家。

皇冠店在卖什么

首先，在经营网店之前要想明白一个问题：为什么人们会愿意在网上消费。在我看来答案不外乎三点：价格低廉、种类丰富、送货上门。商品销路好不好，主要是看你卖的是什么，你的宝贝是不是爆品？是不是买家所搜比较多的产品？怎么知道自己的产品是不是热销品，很简单哦，大家到皇冠店铺看看就知道，成交量最高的是哪些，只有了解了什么是热销品，才能知道什么是买家会买的东西。如果店铺里几乎没有你卖的这些产品，那么就该考虑是不是应该换货了！也许，你心里想的是，就要与众不同，这就要看有没有水准与眼光，把握着赶到潮流的前面。或许，你卖的宝贝本就是冷门商品，那也就不用着急浏览量的高低了。

例1 小李是皇冠女装卖家，进的货常常是一上架就被人抢空，在谈到心得时，她毫不掩饰。1. 锻炼自己的眼光：快、狠、准。平时多留意流行信

213

息，时常看一些时尚栏目的电视节目，时尚杂志也要翻翻，总之你一定要知道流行什么，了解流行趋势，看到不错的服装要迅速拿下。而且数量可以多些，好多新卖家因为不想一下子投入太多，所以看到不错的宝贝也不敢拿太多，想等宝贝卖出去了再去上货。不好意思，没有了，呵呵，这就叫抢手货，该出手时就出手啊！不用心疼你口袋里的大洋啊，舍不得孩子套不住狼哇，难不成你想空手套白狼？2. 经常逛逛大商场，了解当季流行什么，满街跑的你就不要进了，哪个买家也不想跟路人一直撞衫吧。3. 努力找质感材料好的，虽然网店以价格低廉取胜，但如果别人花十元买一件擦桌布回去，心里大概也是不情愿的吧！好多服装看上去一样，但品质是有高低之分的，这就需要你亲自去看、摸、闻了。

想要在淘宝上长久地做下去，卖家的货品至少要做到下面三点：1. 保证质量。一些垃圾商品，也许买家为了贪便宜而买下，但不会给你好评，也不会给你带来回头客。这个质量，并不是非要有专卖店那么好。像baby的衣服，不是说非得讲牌子，只要是纯棉的，不伤宝宝皮肤的就OK了。这样商品不贵，质量又有保证，何乐而不为呢！要保证质量，其实就一点：能过自己这一关！想着自己能用，那买家也就能用了；2. 价格实惠。在质量保证的前提下，价格实惠，会不会更吸引顾客呢？一个便宜三个爱嘛！更何况，在淘宝里，同样的商品，有成千上万家店比较呢！不过，实惠得有底线，总不能便宜得卖家吐血吧！既然卖价不能亏，那就要在进价方面下功夫了，卖家在进货时找对批发商，拿到最低的价，多一个中间商，就多一点费用。大家不要怕辛苦，多找找，降低一份成本，让利给买家。可以带来一大批顾客呢！虽然前期会让你很累，只要找对了，以后都会更好做的。3. 货源对准季节。一些货可以多进点，像宝宝的衣服，男士的衣服。今年卖不完，明年再卖，也不过时。但是女装类的，就一定要注意了，女装流行期短，有时候今年流行，明年就没有人买了，一次进多了，卖不出去，货就压住了。当然，一些有保质期的商品，就更得注意。

皇冠店怎么定价

价格不是一味的低价就好。当然谁都喜欢物美价廉的东西，但是我们做生意不是做慈善的，如果都把价钱定得很低，没有利润也是不可取的。如果碰到厉害的卖家，再砍个价，随时都有可能亏个体无完肤哦。不过，定价可是一门大学问，我们会在下一小节里专门讲解。现在我们先来看一个皇冠店的定价案例。

例2 "夏天的雨薇"还是新手时听前辈们说，参考别人价格很重要，但要结合自身特点及店铺所处的时期。一般采用的定价方式是逢十退一，而 0.88 或 0.99 的个位数定价也是不错的选择。可"夏天的雨薇"也是这样子做的，但销量一直也上不去。其实新店才开张，价格跟别人的不相上下，买家肯定会冲着好评多的卖家去买。于是"夏天的雨薇"调整了自己商品的价格，她把当季热卖的打底裤挑一部分出来，降价 5 元零利润销售，再用两件包邮的方法带动其他商品销售。几天后，她的销售量噌噌地就上去了，随着打底裤的热卖，其他商品成交量也逐步上升。

适当的时期，割一点点肉并不要紧，眼光要放长远一些。像"夏天的雨薇"一样，遇到经营上的挫折，要适时调整策略，屡败屡战，在实战中吸取经验，提升自己的营销心智。

皇冠店怎么做宣传

XX 广告做得好，不如 XX 产品好。这句话其实是倒过来了，产品再好，都不如广告做得好，首先得宣传到位，不然，别人不知道你的产品，再好又有何用？上一篇里我们详细讲解过网店推广的技巧，其中不乏皇冠卖家的经验之谈，你都一一照做了吗？

提升信用评价

信用评价的重要性，不说大家也都知道的，怎样提升信用评价，也许是仁者见仁，智者见智。下面的店主阿丽会给我们上很好的一课。

例3 小丽在回答客户咨询时，总是热情+耐心+细心，售前售后一个样，全程微笑式服务。买家就是上帝，有买家询问宝贝情况时总是没完没了的，这个时候一定要有耐性，就当跟朋友聊天。如果你对一个买家很没耐心，那他也会对你的宝贝失去信心！的确是有很多买家会很烦，一个问题问了 N 遍。但是，他毕竟是客人，如果连这点耐心也没，那你还做什么呢？你一旦得罪了一个客人，就等于得罪了 20 个、甚至 60 个客人。

客户拍下货品后，尽可能 24 小时内发货，并在店铺显眼位置做好签收说明的温馨提醒，或者当客户拍下时给客户旺旺留言提醒一下签收需要的注意事项。做到对客户温馨又贴心。

当客户确认付款评价后或确认付款没有评价，又或者默认确认付款、默认评价时，阿丽都在第一时间回复评价。回评时，对客户要尽力称赞，每个人都喜欢听好听的话，能得到别人的认可和肯定那是最开心的事情了，有句话叫礼多人不怪，比如"非常好的买家，感谢您的光临惠顾，欢迎您以后常来……"，这是很平常的一句话，但对于大多数人来说却是很大的鼓励，高帽子谁不喜欢戴呀，买家的自豪感油然而生，客户一激动自然也会及时给你评价且会好评，礼尚往来嘛。呵呵……

信用评价谁会看？当然是买家哦，聪明的买家会在看店铺信誉高不高的同时，看看买家给这个店主的评价。光有买家对店主的好评还不够，你作为卖家，得有礼貌地回应买家的评价，像小丽那样回些对买家感谢的话，精明的卖家会顺便做个小广告，如买家对波希米亚长裙很满意，卖家回：谢谢亲，现在来了新款，说不定会合你的心意哦！买家会感到这是个很专业很负责的卖家，肯定会点开店铺查看新款。所以一定要好好利用这个广告地哦！

别人的旺，不是先天就旺，也并不是买了旺铺就能旺，也许他有好运气，但好运气背后总得有努力在撑着。看了这么多，你多学多做，你的铺子就能成为真正的旺铺。

如何从内心打动客户

怎样打动顾客，一直以来是卖家常思考的问题，也是他们努力想解决的问题。生意比较好的网店，一般都很好地解决了这个问题。

一个成功的网店离不开好的"硬件建设"和"软件建设"。"硬件建设"就是指商品种类、商品质量。"软件建设"就是卖家的完善服务。如果把二者很好地结合起来，网店既获得了发展，也获得了顾客的信赖，实现网店、顾客双赢的目的。

实践证明，要打动顾客的心，必须做到以下几点。

高品质、低价位战略

店铺必须要有打动顾客的基础，品种齐全、样式新颖、适合多个消费层次的商品，才会吸引众多的消费者。在此基础上，还要价格便宜，"降价不降质"，让顾客"买着称心，用着放心"，有"物有所值"或"物超所值"的感觉。不能价格过高，否则会让顾客觉着商家太"黑"，这样，众多商品只会成为摆设，商家也会失掉众多的消费者。但是价格也不能太低，现在很多网商大打"价格战"，希望以此来招徕顾客。其实，这种办法也不可取，它只能支撑一时，不会长久。

诚信网店战略

这是打动顾客的保证。"假一赔十"，"网上最低价格"，"送货上门"等承诺要落到实处，不能有丝毫的水分和折扣。打造"诚信"网店，说到就做到。

名牌战略

这是打动顾客的第三步。随着消费水平的提高，人们的消费观念也在更新变化。现在很多人只认名牌，只买名牌，因为名牌信誉高、质量好、服务好。放眼未来这类消费群体会越来越大，如果不走这一步，会损失很多顾客。

服务"一条龙"战略

现代企业的竞争其实就是服务的竞争，只不过样式变了，范围延伸了。服务"一条龙"战略是打动顾客的重要手段。售前服务、售中服务、售后服务、附加服务、"一条龙"服务等，都是为了吸引更多的顾客。但现在一些商家采取"羊毛出在羊身上"的策略，把服务费用加到商品里，这无疑增加了商品成本，会引起顾客反感。

推陈出新战略

这是打动顾客的源泉。网店要发展，就要不断创新、不断前进，有生命旺盛力。在服务上大做文章，给顾客带来更大的实惠；在产品上挑精选特，满足各种消费需求；在宣传上选用多种推广方式，增加产品的知名度。

总之，打动顾客靠的是优秀的品质、合理的价格、完善的服务。

除了以上的那些，还有对顾客的负责态度。而这种态度表现得最好的方式就是售后服务。售后服务是整个物品销售过程的重点之一。好的售后服务会给买家带来非常好的购物体验，可能使这些买家成为你的忠实用户，以后经常购买你店铺内的物品。做好售后服务将会取得双赢，赢得了消费者的心，你就赢得了市场。

售后服务观念

做好售后服务，首先要树立正确的售后服务观念。服务观念是长期培养的一种个人（或者店铺）的魅力，卖家都应该建立一种"真诚为客户服务"的观念。

服务有时很难做到让所有用户百分之百满意。但只要你在"真诚为客户服务"的指导下，问心无愧地做好售后服务，将来一定会得到回报。

卖家应该重视并充分把握与买家交流的每一次机会。因为每一次交流都是一次难得的建立感情、增进了解、增强信任的机会。而且，买家也会把他们认为很好的卖家推荐给更多的朋友。

售后服务的重要性

1. 售后服务是保持顾客满意度、忠诚度的有效举措

向消费者提供经济实用、安全可靠的优质商品是网店生存和发展的前提条件。即使最好的网店也不能保证永远不发生失误，引起顾客投诉和顾客的抱怨，但只要有效地处理顾客的抱怨、解决出现的问题，就能够保持顾客的满意度和忠诚度。

2. 售后服务是网店摆脱价格大战的一剂良方

为了求得市场份额的增长，网商不惜展开价格大战。导入服务战略，是彻底摆脱这一不利局面的良方，店主可以通过差异化服务来提高自己商品的价值。在商品同质化日益加剧的今天，售后服务作为销售的一部分已经成为众多商家争夺消费者的重要阵地，是买方市场条件下企业参与市场竞争的利器。

3. 良好的售后服务是下一次销售前最好的促销

良好的售后服务带来良好的口碑，带来更多的消费者，现代市场营销中，谁拥有更多的消费者谁就是胜者。良好的售后服务可以稳定业绩，增加收入，一位

业内人士如是说："唯有以优质服务来代替销售，才是我年年维持业绩的第一要素。"

4. 良好的售后服务提高店铺的知名度

所谓售后服务是指签单之后至商品功能终止，商家以维护客户利益为前提而采取的各种行为活动。良好的售后服务是树立店铺形象的重要途径，也是店铺的竞争力之一。

5. 良好的售后服务本身也是一个盈利点

售后服务短期看不到收益，但从长期看，将其维护到一定的水平就可以盈利。热情、真诚地为顾客着想的服务能让顾客满意。谁能提供消费者满意的服务，谁就会加快销售步伐。要想使顾客满意，就应做出高于竞争对手或竞争对手做不到、不愿做、没想到的超值服务，并及时予以践行。

建立个人网店售后服务系统

有句话讲"商道即人道"，其实这句话已经告诉了我们全部的生意经。无论是网店还是实体店，都要信守生意的基本准则：客户就是上帝。寻找新客户对于企业和网店的重要性不言而喻，但大多数老板和店主却把绝大部分精力放在寻找新客户上，对于维持已有的客户关系却漠不关心。

1. 建立属于自己的客户资料库

完成了与每位客户的交易之后，卖家们应该好好地总结已形成的买家群体的特征，因为只有全面了解买家的情况，才能确保进的货是买家喜欢的，能更好地发展生意。

建立买家资料库，及时记录每个成功交易的买家的联系方式，包括电话、地址、邮箱和生日等。其中总结买家的背景至关重要，在和买家交易过程中了解买家的职业或城市等其他背景，能帮你总结不同人群所适合的物品。

对于营销，一般卖家都有自己的方法，比如发货时在货物里夹一张名片。所以我们要做的工作是尽可能多地收集买家的个人信息和喜好，特别是电子邮件或QQ，因为这是零成本与老客户沟通联系的方式。

购买能力强的买家更要作为总结的重点。发展这批群体成为忠实买家有助于扩大卖家的生意面，全面的信息管理可以帮助卖家总结长期交易的情况。

建立客户资料库有利于与客户建立朋友般的密切关系。其实最成功的销售就是与顾客成为朋友。

店主还可以在客户管理系统增加一个邮件群发的辅助工具。

你可以定期回访顾客，用电话、旺旺或者 E-mail 等方式关心客户，与他们建立良好的客户关系，尊重他们提出的意见和建议。

2. 给产品信息做完整介绍

很多店主对产品过于熟悉，所以在制作产品介绍时，往往会忽略许多他们认为没有意义的东西，而顾客对于这些东西却一无所知。所以，产品的信息要尽可能地详细、完整，让顾客看得明白，当他们真正了解了你的产品，才会选择购买。这些信息包括很多方面，如售后问题的处理办法等，要求该信息不但完整，还要便于顾客理解和操作。

3. 建立客户咨询系统

建立了客户咨询系统能方便客户查询信息并及时解答客户在购物中遇到的问题。当店铺发展到一定规模时，店内商品不但品种齐全，而且样式会很多，这时，店主如果建立一个客户咨询系统，就可以方便顾客查找自己需要的商品，给客户节省很多时间。同时买家在购物中遇到什么问题，卖家还可以随时解答，解决了顾客的疑虑。

4. 准备专门接收反馈的电话和邮箱

专门反馈电话和邮箱是卖家必须准备的，它可以专门处理遇到的问题，不仅节省了双方的时间，还能让顾客觉得卖家很专业，考虑得非常细致，感觉自己受到了重视。

5. 告知问题处理结果

无论什么问题处理完成后一定要告知客户及时反馈，与客户之间建立更好的沟通渠道。

与客户沟通，要讲究方法

网上购物的客户如同我们现实中遇到的一样，都是形形色色的，对于这些顾客，网上开店的卖家不可能用千篇一律的方法，有什么样的买家就得用什么样的方法来和他交流沟通。下面介绍一下顾客类型。

1. 不了解型

这种类型的顾客对产品缺乏真正的了解，也可以说根本就不懂。一般这种类型的顾客疑问很多，而且依赖性强。

所以，我们应该耐心地去解答他们提出的问题，掌握商品的大部分信息，可以全程辅导顾客。让他知道产品的优越性在哪里，也能了解产品。让他做到心里有数，建立更好的沟通途径，加大成交的几率。

2. 专家型

这种类型的顾客知识面很广，对产品相当熟悉，了如指掌。一般这种类型的顾客自主性很强，对自己要买的东西心里有数。

对于这种类型的顾客，我们在和他沟通、交流的时候，对自己的产品介绍要一语中的，不要夸大，讲点实际的东西更重要。要点到为止，全程介绍关于产品一些容易出现的问题，产品的款式等等一些基本的问题，这样他会容易和你沟通的，而且觉得你这人实在，以提高成交的机会。

3. 一知半解型

这样的顾客是最难伺候的，他们往往比较主观，认为自己已经对产品很清楚了，包括进价、原料、货源等。这种类型的顾客往往在你面前显弄自己是内行，表现出你是骗不了我的。你在我面前说话就得老实一点，不要来欺骗我、忽悠我等状态。

对于这种顾客卖家首先得控制自己的情绪，不要与他争辩，让他自己说自己的。你只要在一边有理有节地把产品的详细情况解释给他听，并耐心听他讲，然后耐心地解答他所提出的问题，也不要说得太重让他难堪，这样他会认为你是他的知音，交流起来的话就更容易，成交的希望也就更大。

下面列举与顾客沟通的方法。

1. 直接要求法

就是销售人员用简单明了的语言，直截了当地向客户提出成交要求。应用这种方法是有特定对象的，如客户的购买欲望已经非常强烈。

2. 坦诚促进法

这是一个很有效的成交方法，能让客户感觉你很老实，进而达成交易。

3. 假设成交法

假设成交法是假定客户会购买我们产品，客户没有说他想买产品，但是销售人员通过观察客户的成交信号，判断出客户已经对产品非常感兴趣了，这个时候销售人员可以假设客户想买产品，运用某种技巧和手段去诱导客户购买更多的产品。

4. 选择成交法

选择成交法是指销售人员直接向客户提出一些购买决策方案，并要求客户立即购买推销品的一种成交方法。选择成交法能减轻客户的成交心理压力，创造良好的成交气氛，有效地促进交易。选择成交法是在假设成交法的基础上延伸出来的一种方法，选择不是销售人员对客户说"你买不买？""你要不要？"而是卖家掌握成交主动权，留有一定的余地对客户提出两个或两个以上的方案让客户选择。

5. 小点成交法

相对于大而言，卖家向对方提出大的要求，对方可能会马上拒绝你，但是当你将要求划分为几个小的要求，在第一个小的要求被对方接受后，再提出第二个、第三个，这样被拒绝的机会就可能更小，这样几个小的要求加起来，就和大的要求一样了。

6. 保证成交法

当客户对我们的产品还有担心和顾虑的时候，就要用这种方法，你可以用保证来减轻或消除客人的担心和顾虑，通过保证消除对方对风险的担忧，从而使客人下定决心购买。

7. 利益总结成交法

这是销售人员把先前向客人介绍的各项利益特别是获得认同的地方，一起加起来，扼要地提醒客人，加重客人对利益的认同，从而成交。

8. 引导成交法

如果顾客有心购买，只是认为商品的价格超出了自己预想的水平，这时，卖家只要对他们进行引导，一般都能使洽谈顺利进行下去。

引导在买卖交易中的作用很大。它能使顾客转移脑中所考虑的对象，使顾客在买东西的过程中，变得特别积极，心中产生一种希望交易尽早成交的愿望。可以说，引导是一种催化剂，一种语言催化剂。化学当中的催化剂能使化学反应速度迅速加快，同样，在顾客交易中，卖家使用催化剂也能使顾客受到很大影响。"引导"所有的一切行动都是你安排的，但在顾客看来，一切都是自己设计的，直到交易成功之后，他们都以为是自己占了便宜。

9. 用途示范成交法

给顾客介绍商品的时候，免不了要向顾客介绍商品的用途，但这并不意味着仅仅把商品的用途功能罗列出来就完事了，还要给顾客进行演示。比如利用摄像头现场示范，或者拍摄好一些视频短片发给顾客看，加深顾客对该商品的印象，会使顾客获得一种安稳的感觉，增加他们对商品的信任感。这样，顾客一方面被你说得早已心动，另一方面又想亲自体会该商品的特别之处，便会毫不犹豫地与你成交了。

10. 隔山打牛成交法

一般顾客除了买东西自己用之外，很多时候都是购买礼品馈赠亲朋好友的，所以，当你得知这一点之后，你要详细询问买家商品使用对象的性别、年纪，如有可能，还可打听其性格特征，知道得越多，你就越能满足顾客的需求。比如卖玩具，使用对象一般都是小孩子，所以你要给卖家描绘一幅小孩玩这个玩具的情景。

11. 不断追问成交法

有这样一类顾客，在购买商品的时候，左思右想，举棋不定，无法确定购物行动。对待这一类顾客，用这个方法就非常有效。

使用这种方法首先对顾客要有耐心，充满热情，专心致志地分析他们的话，但对于他们所说的，千万不可妄加评论。

12. 加压式成交法

对于看中想买又不着急买的顾客，用这种方法是最好不过了。但是，对顾客施加压力并不是强迫顾客来买你的商品，而是运用一种心理战术，使顾客无形中感到一种压力，促使他们尽快成交。使用这种方法必须做好充分的准备，而且要求应变能力非常好，能在洽谈的过程中，恰到好处地改变气氛，扭转劣势，而让顾客感到是你在为他们着想，处处为他们考虑。这样，成交的几率就非常大了。

在规则允许的范围内提高信用

凡做网店的卖家都知道，信用是网店的生命。但网店的信用是怎么来的呢？淘宝的网店信用来自于买卖双方的信用评价。它是指会员在淘宝网交易成功后，在评价有效期内，就该笔交易互相做评价的一种行为。只有使用支付宝并且交易成功的交易评价才能计分，非支付宝的交易不能评价。淘宝的计分标准为："好评"加一分，"中评"不加分也不扣分，"差评"扣一分。

淘宝会员在淘宝网每使用支付宝成功交易一次，就可以对交易对象作一次信用评价。在交易中作为卖家的角色，其信用度分为以下 20 个级别：

区间	图标
4分-10分	❤
11分-40分	❤❤
41分-90分	❤❤❤
91分-150分	❤❤❤❤
151分-250分	❤❤❤❤❤
251分-500分	◈
501分-1000分	◈◈
1001分-2000分	◈◈◈
2001分-5000分	◈◈◈◈
5001分-10000分	◈◈◈◈◈
10001分-20000分	♛
20001分-50000分	♛♛
50001分-100000分	♛♛♛
100001分-200000分	♛♛♛♛
200001分-500000分	♛♛♛♛♛
500001分-1000000分	♔
1000001分-2000000分	♔♔
2000001分-5000000分	♔♔♔
5000001分-10000000分	♔♔♔♔
10000001分以上	♔♔♔♔♔

所有的卖家都希望信用能快速增长。为了维持公平、良好的网络购物环境，淘宝对于刷信用的处罚一向是很严的，怎样在不违规的情况下合理"刷信用"是每一个网络卖家关心的问题。

1. 利用赠品刷信用

你是否为买家准备了小礼物？别急着把礼物送出去，要知道礼物能帮你接近与买家的距离，也可以帮你提升网店信誉呢。将所有礼物的单价都设置成一元随买家自行挑选，你只需要在原价的基础上减掉买家拍礼物的一元钱就行了。不过，需要提醒各位卖家注意的是，在宝贝的标题栏你一定要写清楚"单拍无效"，以免引起不必要的纠纷。

2. 请朋友帮忙购买店里的商品

这是用得最多的一种刷信誉的方法，但需要注意的是，请人刷前要先仔细阅读淘宝的相关制度，不能违规操作，不然淘宝的处罚可是很严厉的。还有一点需要注意的是，请人帮忙刷不要为了方便而刷一些钱少的，不是店主主推的产品，现在的买家也很聪明，看着其他买家来你店里，值钱的东西一样不买，花十块钱买些橡皮筋之类的小商品还付个十块钱运费，你当人家傻啊？

3. 刷交易以外的信誉

不要以为只有支付宝交易的信誉才重要，虽然只有支付宝交易才能提升官方信誉，但以下几个小方法能为我们营造良好的信誉环境。

（1）申请小号或请朋友帮忙在网店上写咨询或留言等相关信息

是的，我就是教你找"托儿"，一家冷冷清清的店买家是不会感兴趣的，就好像我们去饭店吃饭，眼见着一个人都没有，或许你也会因此没食欲。相反，若那家店里门庭若市，你会立刻对那家店生出信任感，哪怕从没吃过，也想要去试一试。

（2）同一件商品可从不同角度拍照后上架

这一条适合宝贝不多的卖家，试想，谁会愿意到一个店里只有十几件商品的店铺里买东西？别以为商品少显得专业，我们逛街时喜欢去大商场，网络买家也喜欢跟有实力的卖家打交道。

（3）更换你的性别

这个绝对不是开玩笑。假如你是个男士，可是你卖的是保健品、女士内衣、化妆品等，这样女孩是不好意思和你说她需要什么的，更何况来买你的产品了。

（4）通过图片或者视频做买家购买产品展示

买家购买产品后，若使用效果显著，在买家同意的情况下用视频或图片展示出来，无疑可增加产品的说服力。前期你可以找自己的朋友来展示，待网店发展起来后也可以找其他真实买家来做展示。

（5）定期写成功案例感受

也许你卖的产品很少，也许你根本没卖出东西，但这并不妨碍你写感受。这样做在买家看来，会觉得你很细心，无形中给你加了信任分。

淘宝对于刷信用一直都查处得较严，如果你正好"刷"了信用，不久又收到淘宝自检自查的评价怎么办？

告诉你，你先别着急，虽然淘宝的措辞很严厉，但是却不会这么轻易封店。若你收到系统消息提示有淘宝自检自查评价，你可以进入"我的淘宝"—"信用管理"—"评价管理"—"需自检/自查的评价"中去查看。

如果你自查的评价未涉嫌炒作，可以在提示自查评价的 7 日内于该评价后面提交相关真实交易凭证以便审核。工作人员会在 7 个工作日内审核，审核结束会有旺旺消息提醒，同时如果是审核通过，评价直接从淘宝自检自查评价库移出并恢复生效显示，如果是审核未通过会直接在"需自检/自查的评价"后面显示凭证判定结果。

需要注意的是，删除一个涉嫌炒作信用的评价，将会被罚扣除两个正常交易的信用分（注：属于炒一罚二），有可能将您所有信用评价清零甚至为负分。比如：您目前的好评是 100 个，淘宝自检自查后有 40 个评价您需要删除，点删除后将会扣除 120 个信用评价分，此时信用分将会是负 20 分，就需要增加信用变成正数后才可以正常累积。

一旦淘宝自检自查评价，你的这笔评价就被删除了，不会出现在卖家信息中，你的买家是看不到的。引起淘宝警觉的原因通常是销量及好评瞬间猛增，所以，我们要强调的是：刷信誉最忌贪快，须知欲速则不达！

对于中差评，要正确对待

中差评是所有卖家随时都可能面临的，但别把中差评看成是狼来了，遇到中差评，卖家要先调整好心态，不忙着去回复、去辩解，也不要一味地想着怎么要求买家给你改个好评。两千多年前的老子说过"祸兮福之所倚"，卖家可以从买家反馈的中差评中找出自己的不足，避免再犯同样的错误，这是一笔宝贵的财富，是无法用金钱衡量和买到的。

造成中差评的原因主要有以下几种：

1. 买家到手的商品与描述不一样，如尺寸、颜色、标签等。

2. 商品没有达到买家的期望值。买家会评：哎呀，不是我想象中的那样等。

3. 没有满足买家的要求，如包邮打折什么的，买家因喜欢这件商品而拍下，但心里总是有点不爽，出于报复心理给了中差评。

4. 新手买家，也许是想试试看中差评什么样吧，随意就给个中差评了。

5. 物流的原因，或是过程中的一些误会，没有得到圆满解决。

以上五个方面的原因，卖家一看就明白了，只要我们尽量做好服务，这些问题都不成为问题。

可是，当买家已经给出了中差评，我们应该怎么做呢？

1. 中评

买家有可能写下的评语是：一般、服务不太好、不太喜欢……这是买家的一种感觉，宝贝到手时，没有拍下时的那种热情了，所以写下一般。或者是因为买家的心情。卖家你没什么好担心的，这样的评价很好解决。

卖家先加买家为好友，询问一下用户反馈信息。当了解了买家的意愿以后，可以说：谢谢您啊，我了解您为什么给我中评了，您的这个看法也提醒了我，我以后会特别注意。买家这时当然不会说什么了，卖家可以厚着脸皮说：亲，有问题欢迎您及时提出，我们会为您提供更好的服务……（此处略去一百字）有件事我有点不好意思说，但这个事对我又太重要了，是这样的，亲，您可以给我们改一下评价吗？您的意见我们会记住的，希望能和您成为朋友哦！买家看在你的服务态度上，这类的评价一定会给改的。如果是电话联系，要注意给买家打电话时，要保持声音的甜美、心情的愉悦。电话里不要先解释，一定要听对方说，然后听完后说：亲，您说得有道理！你想，如果你是买家，遇到这么好脾气的卖家，心一软，评价就给修改过来了。

2. 差评

买家一般会写：服务不好、质量有问题、快递慢等。卖家也不要着急，反正是兵来将挡，水来土掩。首先加对方为好友吧！过程和上面的步骤一样。

卖家听完买家的叙述后：我知道了，先谢谢您对我们店的支持！还请您不要生气，您的问题我们会及时给您解决，您说说您的想法吧，您的宝贵意见我们一定会采纳。既然你都已经承诺了要解决问题，话又说得那么乖巧，买家心理防范就松懈下来，这时你再提：亲，还有件事要麻烦您，这个事情我也是厚着脸皮说的哦！您能给我们改下评价吗？希望您能理解啊，如今做生意真的不容易，我会好好地总结经验，下次您再来，会享受到更优质的服务，我们店铺随时会有活动，到时我们会发消息给您，您要关注我们啊！一般情况下，买家都不好意思再坚持给你差评。

有些卖家说，看到是中差评卖家心里都会很沮丧，想着自己的努力，更感到委屈与难过。他也收到过中差评，很多都是新手买家由于不清楚评价对于卖家的重要性，由于物流的原因、货物运输途中意外受损原因而给了卖家中差评。当中差评出现后，卖家先要分析原因，第一时间处理买家的问题，而不是抱怨：这又不是我的问题，买家怎么这么不上路呢？

这些卖家也会与买家好好地沟通，一般选择最直接的电话沟通，可能有的卖家不理解，长途电话费怕是这单生意也赚不来呀！可卖家要想到：一个买家所产生的效应是连锁的，放弃一个买家，就意味着失去了一大片潜在的客户。而电话，最易进行"心"的沟通，买家一接到电话，心中也会有一股暖流：卖家这么重视我呀！所以，电话一接通，买家的心理上首先就会对卖家产生好感，接下来的沟通会更顺利。卖家一定要诚恳虚心，在电话里表明身份后，先感谢买家对自己的支持，问有什么原因导致买家给个中差评。待买家说完后，卖家根据事实给予说明，请买家谅解，跟买家说明评价对卖家的重要性，在不违背经营原则的情况下，解决买家的问题。

买家朋友能感受到你的诚心，误会消除后，他也会乐意为你更改评价。万一沟通失败，你回复对方时的解释最重要，你只要客观公平地解释，相信其他买家看了，只会为你加分。

交易后的评价回复，卖家要做到四个字：及时称赞。当买家确认付款后，卖家不管有没有评价或是默认评价，都应在知道的第一时间回复评价。回复中要多讲好话，高帽子送出去，是人人都喜欢戴的，如：朋友是非常好的买家，确认付款和评价都很及时，有空常来……这样的评价给买家很大的鼓励，还诱导客户给你一个好评价，来而不往非礼也！

3. 学会利用中差评

想必你现在已经不像原来那样害怕中差评，心底淡然了，我们就来利用中差评，让它为卖家说话。

下面我们展示一个淘宝上卖家收到的差评内容：

> 衣服质量一般，好多线头没剪。本来是订了三件衣服的，只发了一件，另两件迟迟不发货。后来，卖家把运单号码挂网上说发货了，下午又给我电话说没货～～这是怎么啦？我再重新选一件，问是否有货，卖家确定有货。又发圆通运单号给我，我没查到，卖家就说圆通爆仓，好吧，爆就爆吧。但到下午，又说这一件也没货了！实在忍不了了，我选择退款，卖家又说要扣除运费和人工费，还劝我再等等，说一定发货。等的结果是还未发货。虽然后来退款了，但是浪费了我的时间和感情。

这个差评可让卖家汗啊！作为卖家，你可以从留言中看出了什么？第一，买家是很喜欢我们的货的，不然，怎么可以挑出四件喜欢的货物？第二，买家前期是信任我们的，不然不会一而再、再而三地挑货；第三，买家的留言这么多，她是认真的，指出了我们的问题。

经过调查，失误确在卖家，那怎么回复呢？一要指出这条评价的价值，如您的评价让我知道我的店铺中居然还存在这么严重的问题；二表示感谢，不要一句谢谢您就OK，要有具体的内容；三要表示自责而不要道歉，自责己方的过失；四要落实赔偿，诚意拳拳：三件宝贝照发给您，钱也照退，希望这样能挽回您对我们的信任，期待着您的再次光临！

回复差评注意四个法则：一是要诚恳，如收到您的差评，我一晚上没睡好；二是直接给予解决，如我赠送您××，您能谅解我吗？三是披露心声：我为自己店铺的前途忧心；四是恳求谅解：不管您会不会再来我们店铺，我们仍然等着您原谅我们的那一天，让我们做朋友吧！

这些做了，让买家感觉到自己被重视，而其他的买家看到了也会对卖家产生好感，那么客户的信任度就提升了。这样的中差评就好好被你利用了。

把握买家心理，了解其风格

我们辛辛苦苦刷信誉，好不容易来了一个买家，欢欢喜喜接待了他，给了他最大的优惠，成交后他却给你一个中差评，这时候你的心情是不是一落千丈？要防止得中差评，我们除了要保证商品质量、保证服务到位之外，还要了解哪些买家爱给人中差评，在具体交易中尽量避免触"雷"。

把握准买家的心理，了解他的风格

买家也是生活在现实生活中的人，绝大部分的买家会公正评价，但林子大了什么鸟都有，爱给中差评的买家有下面几种。

1. 菜鸟型买家

第一次来到淘宝，因为对淘宝陌生，对卖家有一种防范心理。因为不了解交易规则，发货后不会及时确认货款，随意地给中差评。卖家遇上这种买家要先通过聊天了解买家的性格，通过言语沟通建立信任，并耐心地指导他怎么在淘宝购物，一些环节在购物后也是必不可少的，如给卖家一个好评，呵呵，先说清楚，到时自己少操些心。

2. 要求到货时间紧迫的买家

买家和卖家很多的纠纷就是因为物流原因，对于这类买家，你一定要先问清买家的底线，即最迟什么时候到货。然后你就要正确评估物流公司，要加上物流或许会误时一两天，这样算后，如果能及时到货的可能性是80%以上，就可以交易。否则，就算这块馅饼再大，也不要轻易出手。

3. 心理完美主义型买家

这类买家通常很挑剔，他非常重视货品的质量，如果卖家的货没有达到他的期望值，他就不会给个好评了。这种买家，在购买前会花大量的时间询问商品的信息，要求非常多，说着说着又会提一个要求。卖家这时千万不要不耐烦，挑剔的买家，他最有诚心购买你的货品。卖家这时要尽可能地为他服务，诚实地展示货品的优点，千万不能夸大。如果货品不能达到买家的期望值，购买前就要说明清楚，买家能接受便可以下单。千万不要为了促成这一单生意，匆忙地交易，到时自己吃个中差评那就是有苦难言了。

4. "铁公鸡"型买家

"铁公鸡"也可以分成三种：近段手头不宽裕、天性吝啬、杀价专家。第一种买家，他会来回地问，很会说好话，真诚地问你能不能优惠一些。卖家从他的方面考虑，为他节省购买成本，可以给他推荐店里价廉质优的货品，再送他一些赠品，买家收到商品的同时，必定会给你一个大大的好评。第二种买家，卖家与他多沟通，为他推荐店里其他价廉质优的货品，如不能达成一致，宁可不成交。第三种买家，卖家千万要小心，他不但会把你杀个血淋淋，还最有可能给你个中差评，然后要挟你怎么怎么做才给你换好评。遇上这类买家，你就宁可不做这单生意了。

5. 占便宜型买家

这类买家喜欢赠品，喜欢红包，与卖家交谈，一开口便问有无赠品，红包有多大。建议卖家：人的贪欲是难填的，自己掂量着办，能否满足他的胃口。如果不能满足，不要勉强交易，因为买家没有达到自己的预定目标，很有可能会给你中评或差评。

查查买家的底细

了解买家的购物心理和风格后，就要观看买家的信用以及别的卖家对他的评价。我们要看买家的：一看好评率。这是卖家对买家的一个评价，100%最好，如果好评率低于80%的买家，那肯定存在一些问题。二看卖家给的评价内容。卖家会很客观地给买家一个评语，你可以了解你的买家的性格、为人，这单交易是否得好评，心中就有底了。三看买家以前买过商品的类别。卖家可以了解他的爱好、经济水平、消费习惯，对买家做出更合理的判断。四看是否有过货到不付款的惩罚，有技巧地了解那是什么原因，交易时小小地提醒买家一次；但如果惩罚次数很多的话，那你自己就得多估量估量了。

查看你的买家作为卖家时得到的评价

淘宝上很多人既是买家同时也会是卖家，别忘了查看一下他的买家对他的评价，从第三方处了解这位买家的各方面的信息。呵呵，相信卖家心里都在嘀咕了：这也查那也查，卖个货都快成了克格勃了！嗯，不错，有那种精神，你的好评率就会是100%了。

遭遇职业差评师，怎么办

真实买家给出的中差评，只能证明我们工作中的确有"过失"的地方，但遭遇职业差评师就足够让人郁闷了。

职业差评师就是专门给网店的信用评级打差评的人，网店卖家都十分重视网店的信誉。职业差评师一般有着丰富的网上购物经历，或者原来就是网店卖家，所以对卖家的软肋知道得清清楚楚。职业差评师在买货物时非常爽快，但货到手之后，货物就出问题了，而且他不肯退换，只以"差评"要挟卖家，达到索赔的目的。

卖家张女士在淘宝上开店也有些时间了，不久前遇上个"职业差评师"。这个买家当时在她的网店里买了一个名牌包包，收到货后几天给了卖家一个差评，说包包是假的。张女士对自己的货有信心，都是自己亲手选的，到正规批发商进的货，而且以前从来没听过买包包的人说是假货。张女士把相关的证明发给买家看，并且要买家提供凭证说明包包是假货。可这个买家不理不睬，后来打电话说，如果张女士不把400元的货款退给她，她就要让张女士的网店开不下去。好说歹说，张女士出100元了事，把这事给摆平了，买家也把差评改了过来。

事后，张女士跟同行聊起来，发现也有遭遇过这样的事情，有同行坚持不给退钱，结果这个买家不断更换IP注册淘宝号，到他的网店拍东西，留下的地址却语焉不详，快递找不到，货物被退回来，卖家只得倒贴邮费。还有卖小食品的同行，他们拒绝了退款的要求后，便有人拍了很多店里的小东西，一个东西给一个差评，还写了难听的评语，气得卖家气都没处出。有的差评师还"团伙作案"，分工整卖家的店铺。

对于职业差评师这种不给钱就给差评的做法，淘宝网负责人也关注着。他们要卖家注意保留证据，只要有证据证明卖家因为抗拒这种勒索而得的差评，他们会删除这种恶意差评。而我们咨询了相关律师，律师都表示，这属侵权行为，如果数额较大，涉嫌敲诈勒索，可能触犯刑法。

卖家遇上这种人了，可以找淘宝小二投诉维权，维权不只是买家的权利，维权面前人人平等，不存在你尊我就必须卑。卖家的心理也要平衡，不要为了一个差评，就让这种人得逞。

保持人气，从几方面下手

网店的生意好不好，那就要看能不能留住你的顾客了，各个掌柜的都恨不得像哪吒一样生出三头六臂，来留住店里的客人。想要保持你小店的人气，你可以从以下几方面入手。

先交朋友，再谈生意

和买家交流的时候一定要记住，先推销自己，后推销产品，先交朋友，后谈生意，投其所好，销其所要。许多买家到店铺来是抱着一种看看的情况，卖实不能对此无所谓，觉得买家买就买，不买拉倒，反正是来看的，我的价格和质量比别人好，不在意你买不买。

在你这样想之前，你多想想在淘宝和你做同样货品的店铺有多少家，买家能够进来看看已经是很好了。

有些店铺顾客第一次来时看看就走了，第二次来时才真正购买商品。为什么客户第一次不买第二次买？那是因为掌柜的懂得抓住顾客的心。有些买家去看的时候，不知道自己想要什么东西，或者不知道哪件商品适合自己，但后来却需要了，他为什么又要跑到你的店铺来买呢？主要是你在顾客第一次咨询的时候给顾客留下了好印象，以后只要顾客有需求的时候首先想到的就是你的小店。

客户维护

艾云可算是淘宝的大姐大了，她的店里有很多回头客，这些回头客又为她拉来新客户，所以，她不愁没有顾客。她认为，开网店虽然不是与客户面对面交流，但是这种时空的距离，更需要自己用心来维系跟客户的感情。

作为客户维护，她认为应该从客户进店伊始就开始了！比如说一个客户来问你一款面霜，这款面霜你并没有卖，但是她进来了，即使成不了你的客户，也要变成潜在客户。要想留住客人，她有几个心得：

1. 客户咨询的时候，你要及时回答，问一下有什么帮忙的？假如客户想要一款护肤水，你可以借机会问一下，你要哪种类型的？如今主要是做什么工作？（这个不是查户口，你可以和客户解释根据客户如今每天要做的事情，推荐一款护肤水。）同时你也就掌握了客户基本情况，以后有适合她情况的化妆品，你可以通过旺旺或者手机短信的形式发给她。假如没有成交，遇到适合她的商品你也可以及时通过旺旺通知，一定要注意：是要适合她的，而不能滥发。

2. 成交三天之后，要及时查看商品是否到达客户手里。收到，你要及时电话咨询客户是否满意商品，对你的服务有什么建议或者不满意的地方……过一段时间之后可以咨询一下使用效果。也许你觉得有点啰嗦，但是顾客买了东西之后我们就不闻不问的话，客户会觉得你的钱已经挣到了，就不管产品的效果，是个不负责任的掌柜。化妆品用了之后短时间内不会有什么效果，但是你贴心的关心会让客户从心理上来说觉得很舒服，他买了你的东西，他得到了更多的服务和关心！在消费心理上来说，这点是很重要的！

3. 再说一说感情营销。客户群就像是滚雪球，越滚越大越成功，否则就是失败！你的客户虽是网络购物，但他生活在现实中！你要争取和客户做友人，节假日你可发送短信给客户，送去一个问候；客户的生日或者过新年时及时地发送一个祝福！通过平时跟客户的交流，你要尽量了解客户性格，便于根据客户习惯营销。如有些客户不喜欢太热情的，你热情他会感觉你在死缠烂打。这种感情营销，是很烦琐，但你不要觉得很麻烦，很累。假如你有50个客户，你能维护好，就这50个人给你带来的惊喜你是无法估量的！这50个客户的朋友说要化妆品的，客户马上向她推荐我的店铺，这样一来，就有了50×50个客户了。就是不去做商品推广，顾客也是会越来越多。别说这样做是感情骗子，只要我们的商品品质是好的，对得起客户，对得起自己的良心！

4. 说到商品质量，大家一定要严把质量关，否则肯定是搬起石头砸自己的脚！当出现问题的时候，卖家都怕客户难以对付，其实客户也是人，我们只要实事求是地把情况说清楚，推心置腹地为客户着想，很多问题不是我们想象中的那么难。也许你的坦诚会失掉这一单生意，但是有失必有得，你会因为这个得到更多！这个利益是长久的，只要你坚持诚信，你的生意会越做越好。

艾云这个成功的案例告诉我们，一定要全心全意地为客户着想。不管在卖前还是卖后，态度一定要友好。在和买家的对话中，请尊称你的客户为"您"；人不在电脑旁，旺旺别挂着，让买家痴痴地等；足够了解自己的商品，解答客户的一切问题；如实描述自己的宝贝，别把它夸上天，掉下来会砸自己的头的。

多举办一些活动

一门生意的好坏，主要取决于新顾客的上门和老顾客的重复消费。据研究，开发一个新顾客的成本比留住一个老顾客高4倍，可见，老顾客的数量决定了生意的好坏，同时也决定了生意的稳定性。所以要多搞温馨活动，留住老顾客。比如，方案一：加入会员，例如购物积累满1万可以享受8折，满两万可享受7.5

折。方案二：凡本店老顾客推荐来的新客人，享受 9 折优惠。并且酬谢老顾客相应的积分（新客人消费多少，就送多少积分给老顾客）。方案三：当月推荐新客超过 5 人的老顾客可以享受 5000 点积分。积分可以换取相应礼品。方案四：每逢周年庆，老顾客购物折上折。

网店促销秘籍

前面我们说过的例如店铺装修、淘宝推广、定价技巧、与客户沟通等内容，这些都是每个卖家要做到的基本功课。这一节我们要隆重介绍几招非一般的促销秘籍。

1. 炒爆款提高店铺 PV 值

爆款是指销售好、供不应求、人气高的商品。卖家去进货时，常听说这款是爆款，那款也是爆款，是否你就要多进那些货呢？我要说的是，你进或不进，爆款都已不在那里。因为别人已经把市场都打开了，轮到你去啃骨头了，那还能有几两肉？再说，大家都进所谓的爆款，那这爆款就只能沦落为街款了。

最好的办法就制造自己店的爆款。找一款你感觉好的商品（这里就要拜托你的欣赏水准了），全方位地进行广告宣传，来个狂轰滥炸，满地开花。这样就能制造出爆款了。

这时，要尽量利用好爆款，你投入了那么多，全都指望着爆款给赚回来。把能跟爆款搭配的商品，设个优惠价加到爆款商品的描述中，把店里其他比较受欢迎的商品链接到爆款的描述里。这是一种销售技巧，购买爆款的买家极有可能看上其他的商品哦！

在发货时，你能大方地赠送一些小赠品给买家，想想看，买家看到了是如何惊喜，会给你增加一个信誉。

2. 热心答问让买家自己找上门来

一些买家会在一些大问答网站提问，如：冬天到了，购买什么牌子的护手霜比较好？假如你正好是卖护手霜的卖家，你先到百度、天涯、搜狗、有道等网站搜索这类问题，搜索关键词，如购买、护手霜一类的，搜到问题后，你热心地回答，再留下你的联系方法，如 QQ、MSN，等着有人加你。加了后，你当然态度可亲、耐心细致地为人家解答，到熟络程度就放链接。一定不要不耐烦，就算他不会上淘宝，你可以一步步教他。

3. 邮件推广让你的店铺家喻户晓

多加 QQ 群，成为每个群的活跃分子，群成员都是你的潜在客户，他们认可了你这个人，你可以发群邮件，自然会有人点开你的邮件看看究竟。

使用邮箱营销软件，这种软件可以上网下载。先用搜索器搜索相应人群的邮箱，再用群发机进行群发。不过这种方式会让人反感，有人一看是广告，直接举报垃圾邮件了。效果没有上一种好。

重要的一点是邮件的内容，注意用软文来打广告（软文，就是不让别人觉察出你在打广告，可以用一个故事，不经意的话语侧面推销自己的产品）。

4. 博客连接你我他

多开几个博客，博客里不要明目张胆地投放广告，可以转一些生活幽默故事，一些美图……偶尔写一篇文章，以买家的身份推荐自己的宝贝，文章内容要丰富，标题要醒目。在博客里多交朋友，广结人缘，提升博客的人气，也就能提升你店铺的人气，搜索引擎也能轻易搜索到你。

5. 间接网站提升人气

说到网店，卖家一般都认为自己的货卖往全国各地，服务范围非常广，很容易忽略自己所处的地域。卖家可在各地的地方城市网网站二手买卖市场，财经、跳蚤市场里发布信息，因为距离不远可以直接上门送货，这样更容易谈成生意。

6. 超级买家秀免费为你推广

卖家说自己的货好，那是王婆卖瓜，自卖自夸。但是买家说卖家的货好，别人一般都会相信。淘宝社区中有一个超级买家秀，如果你的买家和你比较熟悉了，你可以向他提供这方面的信息，如果他能帮你在买家秀里展示你的宝贝，这就是"金杯银杯不如人家的口碑"。

7. 专业的网店规划推广

如果卖家长期推广无效，或是自己没精力和时间进行推广或是自己不擅长这方面，可以找人帮你。有威客平台可以帮你做这些事，你先去转一圈"玩转猪八戒"，熟悉后，你进入网店任务专栏，就可以看里面发布的任务了：有人帮忙装修店铺，有人帮忙设计网店……这里各行高手都有，你有哪方面的需要，都能找到人帮忙。

皇冠卖家通常的心得是，把自己当成一个买家！买家能在什么地方接触到店铺的信息呢？站内搜索，这是最主要的地方；友情链接，联盟推广；网站或论坛；自己的朋友；空间、博客；淘宝促销活动、直通车等。知道买家通过什么途径知道我们，那么我们就知道该怎么进行促销了。

首先要给我们的宝贝设置好关键词，我们要尽量让我们的宝贝全面地加入买家可能搜的字，淘宝给我们每个宝贝 30 个字的空间，一定要给自己的宝贝起个好名字，充分利用这 30 个字。最好加上店内促销活动，如包快递、送礼物等，让买家觉得这时买下有利可图。

在空间推广自己的宝贝，如个人空间、QQ 空间、博客、校内网、QQ 群等，卖家可以放些自己的宝贝图片在自己的博客里、校内网里、QQ 空间、51 相册里，有人逛进去了就有可能被吸引哦。

有客人来了，怎样才能让客人立即购买下单呢？"爱爱小贝"原来看到客人还在犹豫，就会建议她再看看别家，比过了，觉得自己这里好，欢迎再来。现在她觉得这种做法实在是太幼稚啦，这不是把自己的客人推给了别人嘛！后来，她总结了几个小技巧：今天买有赠品的哦！现在下单，今天就可以发货；店铺正在满 100 送 10……让买家觉得现在错过，时机就不会再来。从买家的角度来考虑，如果自己是买家，当卖家对自己说这番话时，是不是有点感觉心动了？卖家要巧说话，不能让买家感觉到言语中含有威胁的意味，亲切中全是为买家着想，买家怎能不下单？

与买家熟络后，买家是不好意思给你差评的，你就等着好评如潮吧！这时还可以建议买家到淘宝社区的超级买家秀逛逛，顺便为你们的宝贝说句话。买家不过是发帖，就为你做了免费推广了，因为是买家的帖，宣传的力度就更大了。

防止顾客流失，可以这样做

一般来讲，应从以下几个方面入手来堵住客户流失的缺口。

1. 把握好质量营销

质量是维护顾客忠诚度最好的保证，是对付竞争者最有力的武器，是保持增长和盈利的唯一途径，是成功经营网店的决定性因素。只有在产品质量上下大功夫，才能在市场上取得优势，真正吸引客户、留住客户。

2. 树立"客户至上"的服务意识

顾客就是上帝，应树立"顾客至上"的服务意识。店主的服务态度直接影响顾客对店铺的评价。经营者的良好态度和热情的客户服务在经营中至关重要。

成功的店主都懂得倾听顾客的声音，他们将顾客的需要当作自己最重要的事情。尽管有时候顾客不一定是对的，但成功的店主一定会站在顾客的立场上来思考所有问题，尽自己所能让顾客满意。

3. 强化与客户的沟通

及时将店铺商品更新和店铺变化的信息传递给客户，让客户第一时间了解店铺动态。信息就是财富，店家的用心将会使客户感到贴心。

4. 增加客户的经营价值

一方面可以通过改进产品、服务、人员和形象，提高产品的总价值；另一方面可以通过改善售后服务，减少客户购买产品在时间、体力和精力的消耗，以降低货币和非货币成本，从而影响客户的满意度并加大双方深入合作的可能性。

5. 与客户建立良好的关系，防止员工跳槽带走客户

店主应与客户深入沟通和联系。只有详细地收集客户资料，建立客户档案进行归类管理，并适时把握客户需求才能真正实现"控制"客户的目的。

6. 做好创新

任何有创新、有新意的东西都会吸引顾客。

7. 正确处理客户的投诉

一项调查表明，如果顾客的投诉没有受企业的重视，2/3 的顾客会转向该企业的竞争对手处去购买商品和服务；如果投诉最终得到解决，大约70%的顾客会继续光顾该企业；而如果投诉得到妥善、及时的解决，继续光顾的顾客比例会上升到95%。网上开店亦是如此。

任何卖家都不可能让买家100%满意，几乎都曾被买家投诉过。处理好客户投诉，是增加客户信任、促进再次购买、增进和巩固与客户关系的有效途径，也是促进销售的增长、提升网店知名度的最佳机会。

不要怕客户投诉，通过顾客投诉可以了解他们不满意的地方，以不断纠正自己的失误，从而提供更优质的商品和服务，更有利于店铺的发展。

需要注意的是，客户投诉的处理，从售前就已经开始了。也就是说，很多客户的问题都是可以避免的。店主可利用对产品的了解，提醒客户产品使用的注意事项，以最易于理解的方式向客户提供使用及保养信息等。

一旦发生了客户投诉，则一定要把它看成是与客户交流的好机会。

处理投诉时应注意以下几个事项。

（1）及时地给予回复

及时地给予回复，是解决客户投诉的第一步，也是能否成功解决客户投诉的关键。处理的时间越早，效果越好。服务失误发生后应该在第一时间处理，否则，时间越长，对顾客的伤害越大，顾客的忠诚度就会受到严峻的考验。用心的卖家将力争在最短时间里解决全部问题，给客户一个圆满的结果。拖延或推卸责任，只会进一步激怒投诉者，使事情复杂化。

（2）不能与顾客发生争执

处理投诉的目的是倾听事实，进而寻求解决之道。争论只会妨碍我们聆听顾客的观点，不利于缓和顾客的不良情绪。权威人士指出："98%～99%的顾客都确信自己的批评是正确的。"因此，争论谁对谁错毫无意义，其结果只会激化矛盾，让已经不满意的顾客更加不满，而我们的职责就是拉回那些已经产生不满情绪的顾客。专家统计分析认为，让顾客满意甚至对顾客进行必要赔偿所带来的收益是补偿成本的数倍。

（3）尊重顾客

有顾客进行投诉，即说明卖家有什么地方做得不对或者不好。所以卖家必须加强对顾客的理解，要让他们觉得自己是在自己的店里购物，享有充分的自由，他们是主人，而卖家只是为他们服务的人。特别是当他们在购物中受到了来自经济、心理、时间等的压力时。尽量认同顾客的感觉有助于缓和顾客的烦躁和不满，为下一步圆满地处理问题打下良好的感情基础。

（4）提出合理的解决办法

顾客所有的投诉、抱怨，归根结底是要求解决问题或得到某种补偿。要提出合理的解决办法，尽量满足顾客的要求，给顾客一个满意的答复，是双方都亟须的。

为了拉拢人气，可以送一些对双方都有好处的东西。比如现在很多饭店送优惠券，这种方法看起来是顾客占了便宜，但顾客想要优惠，还必须再来这个店里进行消费，实际上是一件双赢的事情。网店商家可以送一些电子贺卡、打折卡或优惠卡，在不用花费任何金钱的情况下，让售后服务更完美。

（5）正确处理顾客的差评

要接受顾客的差评。卖家没有不注重自己的积分的，因为积分高了才能让店铺升级，可以招来更多的顾客。一旦被顾客打了差评，要客观回应顾客的批评。如果确实是自己做得不够好，一定要虚心接受，然后改正自己服务中的缺陷。只有这样，网店的服务才会更好，顾客也会觉得你经营有方，重视他。

顾客的换货和退货，应正确处理

网上开店，卖家总会遇到顾客要求换货和退货的情况，尽管卖家不愿意看到这种情况，但总无法避免。遇到这种情况，卖家要遵循网店经营的原则，不能让买家觉得你毫无经营立场，要灵活应对，不能因此得罪顾客，要尽可能消除顾客的不满情绪，给顾客一个较为可行的处理方案。

在退换货服务中的注意事项

1. 热情接待，态度诚恳

顾客对购买的商品不太满意而希望退换货的时候，卖家应该一视同仁地接待，表现出比接待购买商品时还要热情诚恳的态度，并倾听顾客退换货的原因，对顾客的要求表示理解。只有这样，才能使顾客感到卖家们的亲切和对自己的尊重，从而增强对店铺的信任度。

2. 弄清顾客要求退货和换货的原因

如何正确处理退换货的问题，是客户关系管理中非常重要的一个环节，但在处理问题之前，首先要弄清顾客要求退货和换货的原因，也就是明确责任归属问题。只有了解顾客真正的意图，才能针对不同情况做出不同的处理方法。

退换货的原因一般有以下几种。

（1）商品的质量问题和包装引起的运输磨损；

（2）客户所收到的商品与描述不符；

（3）商品本身没有问题，顾客只想更换商品；

（4）顾客使用不当引起商品的损坏。

3. 退换货的说明

退货方便快捷是影响顾客购买动机最大的因素，甚至超过了对服务和产品选择。因此卖家应该清楚、明白地告诉消费者，什么样的条件下可以退货，退货后多长时间可以将货款退还给用户，往返运输费用由谁来承担。否则顾客会因不清楚退换货的条件而犹豫是否购买。

4. 根据情况，妥善处理

店主不仅要对顾客负责，还要对自己的店铺负责，在接待退换货商品的顾客时，应根据具体情况做出正确的处理。

在本店购买的一般商品，经过检查没有任何污损，不影响其他顾客的利益和再次出售时，店主都要主动地退换货。有些质量确实有问题的商品，尤其是残损严重的商品，不但要适当地退换，还要主动道歉，如顾客因此蒙受损失，还应适当地给予赔偿。

顾客购买商品后，因使用不当或保管不善而造成的商品残损，原则上不予退换，不符合退换原则的商品，应一开始就向顾客说明理由，事先声明。宣传顾客须知，一定要做好。如果顾客坚持要退换，店家应向顾客讲清道理，说明不能退换的原因，同时更应该注意措辞、态度，绝对不可以破坏对方的心情。

对不能退换的商品，在不违背原则的情况下，要积极帮助顾客想办法解决问题。

对可退换可不退换的商品，以退换为主，在退换过程中，无论为顾客退钱还是换货，都应表示愉快，告诉顾客"钱已经退回，请及时查收"或是"换货已完成，请记得查收"，最后别忘了欢迎顾客再次光临。

退换货规则

1. 淘宝网 "7 天无理由退换货" 服务规则

"7 天无理由退换货" 服务是消费者保障服务之一，这个规则规定了 "7 天无理由退换货" 服务的定义、赔付条件、流程、卖家违规处理方法以及卖家退出该服务的流程等。

"7 天无理由退换货" 规则是消费者保障服务规则之一，适用于淘宝网 C2C 平台。

如买家针对参与消费者保障服务之 "7 天无理由退换货" 服务的卖家向淘宝网提出赔付申请，淘宝网有权以普通人身份对交易双方提交的证明资料进行表面审核，并依据该资料做出判断。交易双方应保证提交资料的真实性、合法性，如因提交的资料导致淘宝网判断错误而造成损害，淘宝网不承担任何责任。

"先行赔付" 指当淘宝网买家与签订《消费者保障服务协议》的卖家通过支付宝服务进行交易后，若因该交易导致买家权益受损，且在买家直接要求卖家处理未果的情况下，买家有权在交易成功后向淘宝发起针对卖家的投诉，并提出赔付申请。当淘宝根据相关规则判定买家赔付申请成立，则有权通知支付宝公司自卖家的支付宝账户直接扣除相应金额款项赔付给买家。

（1）"7 天无理由退换货" 的定义

"7 天无理由退换货" 指用户（以下称 "卖家"）使用淘宝提供的技术支持及服务向其买家提供的特别售后服务，允许买家按本规则及淘宝网其他公示规则的规定对其已购特定商品进行退换货。具体为，当淘宝网买家使用支付宝服务购买支持"7天无理由退换货"的商品，在签收货物（以物流签收单时间为准）后7天内（如有准确签收时间的，以该签收时间后的168小时为7天；如签收时间仅有日期的，以该日后的第二天零时起计算时间，满168小时为7天），若因买家主观原因不愿完成本次交易，卖家有义务向买家提供退换货服务；若卖家未履行其义务，则买家有权按照本规则向淘宝发起对该卖家的投诉，并申请"7天无理由退换货"赔付。

卖家在申请"7天无理由退换货"服务之前，应仔细阅读这个规则。一旦卖家申请该服务并成功提交相关信息，则默认为确认并接受本规则所有内容，同时默认为确认并接受《消费者保障服务之"商品描述属实保障"服务规则》。

这个规则所定义之服务在网站其他地方可能以"7天退换"的简述出现。

（2）买家提出"7天无理由退换货"赔付申请的条件

① 买家提出赔付申请所指向的卖家已参加"消费者保障服务"，并承诺提供"7天无理由退换货"服务；

② 买家已要求卖家提供"7天无理由退换货"服务而被卖家拒绝，或无法联系到该卖家，或卖家中断其经营或服务；

③ 买家的赔付申请在形式上符合相关法律法规的规定；

④ 赔付申请金额仅以买家实际支付的商品价款为限；

⑤ 买家提出"7天无理由退换货"赔付申请的商品需满足本规则规定之条件，详见《商品类目与退换货条件》；

⑥ 买家提出"7天无理由退换货"赔付申请应在选择以"7天无理由退换货"为退货原因的退款过程中或交易成功之日起14天内。

（3）"7 天无理由退换货"赔付申请流程

① 在满足本规则第二条的前提下，买家可在"我的淘宝——已买到的商品"页面通过保障卡通道向淘宝发起"7 天无理由退换货"赔付申请；

② 在收到买家"7 天无理由退换货"赔付申请后，淘宝有权根据协调情况要求交易双方提供必要证明，并确认及判定；

③ 当淘宝根据相关规则判定买家"7 天无理由退换货"赔付申请成立，则有权通知支付宝公司自卖家的支付宝账户直接扣除相应金额款项先行赔付给买家；

④ 非商品质量问题而由买家发起的退换货行为，所有邮费均由买家承担。

（4）卖家义务及违规处理

① 卖家只要承诺参加"7 天无理由退换货"服务，就必须按这个规则提供售后服务，并严格遵守。

② 若买家向卖家提出"7 天无理由退换货"，卖家需积极响应，并主动协商，根据淘宝要求提供相关证明，以期双方自愿友好地达成退货退款协议。

③ 当淘宝使用保证金强制卖家履行其"7 天无理由退换货"服务承诺，即视为卖家违规。淘宝有权给予卖家相应处罚。

④ 如买家提出"7 天无理由退换货"的申请发生于买家在收到货后申请退货的退款过程中（以买家在退款协议中选择"已经收到货"且"我需要退货"的选项为准）。卖家必须按照这个规则做好售后服务，如果卖家拒绝履行"7 天无理由退换货"的承诺的情况下，淘宝有完全的权利按照本规则流程进行处理。

⑤ 如买家提出以"7 天无理由退换货"为退货原因的退款申请时，卖家需在 3 天内点击同意买家的退款协议，超时则自动达成退款协议。

⑥ 如买家提出"7 天无理由退换货"的申请发生于买家已点击交易成功付款完毕后，或发生于货款因支付宝服务付款流程中的到期强制打款规定而被强制打款后，在卖家拒绝履行"7 天无理由退换货"的承诺的情况下，淘宝有完全的权利依其独立判断使用保证金强制卖家履行其"7 天无理由退换货"的承诺。

（5）卖家退出"7 天无理由退换货"服务流程

① 卖家可以在"我的淘宝——我是卖家——消费者保障服务"页面申请退出"7 天无理由退换货"服务，淘宝收到该申请后，卖家即退出本服务项目；

② 卖家在退出本服务项目前产生的交易导致的赔付申请，淘宝有权按照这个规则的规定进行处理。

2. 百度"有啊"退换货规则

（1）退换货交易双方处理规则

如果商品描述中有明确的退换货说明，应以此说明为主要退换货处理原则，但说明违反中华人民共和国相关法律、行政法规、规章等的除外。

如果因卖家未对商品作瑕疵描述或实际收到的商品与商品描述不符所引起商品退换，买家已提供相应证据证明不符的，应由卖家承担退换所需的全部运费。

如果因买家自身的主观原因或未提交有效证明而引起的商品退换货，则需由买家承担退换所需的全部运费。

商品退换货以双方协商一致的退换货协议处理，卖家同意退货后，买家安排退货，卖家收到退货确认无误后，再为买家进行换货或者退款。

买家在退换商品时应尽量保持商品原状，包括结构的完整、功能的完整、价值的完整、附件（配件）的完整。

退换商品的过程中，如由于承运方的原因造成商品损坏影响使用或者遗失，由确定承运方的一方联系承运方，并先行承担相应损失。

（2）补充说明

百度"有啊"只提供交易平台，并不参与交易本身，如发生任何交易纠纷，应由双方自行协商，百度"有啊"不接受买家或者卖家邮寄物品到百度"有啊"。

关于承运方的货物邮寄和收货等纠纷，可参见《中华人民共和国民法通则》《中华人民共和国合同法》《中华人民共和国邮政法》以及《中华人民共和国邮政法实施细则》等法律法规的相关规定。

卖家发货到买家指定地点的过程中，如因承运方的原因造成商品损坏或者影响使用或者遗失，应由卖家联系承运方，并承担相应损失。

3. 当当网退换货规则

（1）退货说明

当当网承诺自顾客收到商品之日起 7 日内（以发票日期为准，如无发票以当当网发货清单的日期为准），如符合以下条件，当当网提供退货服务。

① 商品及商品本身的外包装没有损坏，保持当当网出售时的原质原样；

② 注明退货原因，如果商品存在质量问题，请务必说明；

③ 确保商品及配件、附带品或者赠品、保修卡、"三包"凭证、发票、当当网发货清单齐全；

④ 如果成套商品中有部分商品存在质量问题，在办理退货时，必须提供成套商品；

⑤ 当当网中的部分商品是由与当当网签订合同的商家提供的，这些商品的

换货请与商家联系。

以下情况不予办理退货：

① 任何非由当当网出售的商品；

② 任何已使用过的商品，但有质量问题除外；

③ 任何因非正常使用及保管导致出现质量问题的商品。

（2）换货说明

当当网承诺自顾客收到商品之日起15日内（以发票日期为准，如无发票以当当网发货清单的日期为准），如符合以下条件，当当网提供换货服务。

① 商品及商品本身的外包装没有损坏，保持当当网出售时的原质原样；

② 注明换货原因，如果商品存在质量问题，请务必说明；

③ 确保商品及配件、附带品或者赠品、保修卡、"三包"凭证、发票、当当网发货清单齐全；

④ 如果成套商品中有部分商品存在质量问题，在办理换货时，必须提供成套商品；

⑤ 当当网中的部分商品是由与当当网签订合同的商家提供的，这些商品的换货请与商家联系。

以下情况不予办理换货：

A 任何非由当当网出售的商品；

B 任何已使用过的商品，但有质量问题除外；

C 任何因非正常使用及保管导致出现质量问题的商品；

D 所有未经客服确认擅自退回的商品，换货申请无法受理。